バック・トゥ・ベーシックス

ＡＡビギナーズ・ミーティング

12のステップを
1時間のセッション4回で

●

ワリー・P

Faith With Works Publishing Company

Tuscon, AZ

Back To Basics: The Alcoholics Anonymous Beginners' Meetings
Copyright © 1997, 1998 by Wally P.
Published by Faith With Works Publishing Company
P.O. Box 91648, Tucson, AZ 85752-1648
tel: (520)297-9348 / fax: (520)297-7230 / e-mail:wallyp@theriver.com
http://www.aabacktobasics.org

First Edition: 1997
Second Edition, New and Revised: 1998
First-Fourth Printings: 1998-2000
Second Edition, New Size and Revised: 2001
Fifth-Eight Printings: 2001-2014
Ninth Printing: January 2015
ISBN 13: 978-0-9657720-1-3

バック・トゥ・ベーシックス　ＡＡビギナーズ・ミーティング
英語版著作権©1997，1998 Wally P.
日本語版著作権©2016 Wally P.，ジャパンマック
無断複写・複製・転載は禁じられています。

本書の12のステップや評議会承認出版物からの転載、引用はアルコホーリクス・アノニマス（AA）・ワールド・サービス社とNPO法人AA日本ゼネラルサービス（AA JSO）の許可を得て行われていますが、このことは、AAワールド・サービス社やAA JSOが本書の内容を校閲、承認したこと、あるいは、AAがこの本の見解に同意したことを意味しません。この本の見解はもっぱら著者のものです。AAはアルコホリズムからの回復のプログラムであり、他の問題に12のステップを利用することは、AAのプログラムとその活動を模範にしたいからであり、他意はありません。

献辞

　本書を、AAの共同創始者であるドクター・ボブに捧げる。彼は、1940年代半ばに出版された『**アルコホーリクス・アノニマスの12ステップへのガイド**』（*A Guide to the Twelve Steps of Alcoholics Anonymous*）というパンフレットを監修した。これはオハイオ州アクロンで行われていた「AAベテランメンバーによる導入クラス」シリーズをもとにしている。後に彼は、ミネソタ州ミネアポリスのニコレット・グループが行っていた「12ステップ・スタディ・クラス」にもとづいて出版された『**リトル・レッド・ブック**』（*The Little Red Book*）を支持した。

　また、本書を初期のAA共同体においてビギナーズ・ミーティングのリーダーを務めた多くのAAパイオニアに捧げる。1940年代から50年代、幾万人もの人々がこの4回の1時間セッションに参加して12ステップに取り組み、アルコホリズムという病から回復した。その過程で彼らは自分なりに理解した神を見つけ、そして「**神を信じ、自分の大掃除をし**」(p.142)「**他の人を助ける**」(p.128, 193)というガイドラインに沿って新しい生き方を見つけた。

　加えて、こんにち世界中でビギナーズ・ミーティングに関わっている10万人のAAメンバーにも感謝したい。あなたがたによって、ドクター・ボブの「シンプルにしよう（keep it simple）」という遺産が生きたものになっている。そして同時に、今日のビギナーズ・ミーティングも60年以上前に行われたものと同じように効果的なものになり得ることを証明してくれている。

　著者による注：私は「AAで金を稼ぐ」ことが良いとは考えていない。本書で得られる収益は、自己負担分を補ったのち、本書を購入する余裕のない人やAAグループに無料で配布するのに使う予定である。

目次

章	ページ
ビッグブックからの引用部について	vi
前書き	1
第1章	7
● ＡＡビギナーズ・ミーティングの発展	
第2章	35
● セッション1「概論とステップ1」	
第3章	73
● セッション2「ステップ2・3・4」	
第4章	119
● セッション3「ステップ5・6・7・8・9」	
第5章	155
● セッション4「ステップ10・11・12」	
第6章	191
● いきさつ	
訳者あとがき	209
付録	213
● バック・トゥ・ベーシックス・ビギナーズ・ミーティング資料	
● ＡＡの12のステップ	

ビッグブックからの引用部について

　バック・トゥ・ベーシックスの四つのセッションには、**『アルコホーリクス・アノニマス』**（通称「ビッグブック」）からの引用が約70か所あります。日本語版を出版するにあたって、もちろんその70か所を掲載したいと考えていました。しかし、引用としては量が多いのではないか、という懸念がありました。英語版の「ビッグブック」の初版はすでに著作権法上の保護期間を過ぎていますが、日本語版の「ビッグブック」は2000年に新訳が出版されたばかりです。ワリー・P氏からの助言を受け、AAワールド・サービス社に引用の許可を求めたところ、量が多いため引用の許可を与えることができない、という回答でした。

　そこでワリー氏とも相談の上で、セッション中の「ビッグブック」からの引用部分は記載を避け、その部分を読者が日本語版の「ビッグブック」から転記できるようにマス目を掲載することにしました。読者諸兄にはお手数をおかけしますが、ページ番号と行数を元に「ビッグブック」を参照して、転記をお願いします。

　例えば、下記のようなマス目部分では

（A.A., p.85, 11～12行）

一		私	た	ち	は	ア	ル	コ	ー	ル	に	対	し
無	力	で	あ	り	、	思	い	通	り	に	生	き	て	い
け	な	く	な	っ	て	い	た	こ	と	を	認	め	た	。

このように書き写すようにしてください。

行の途中から始まる場合には、それを明確にするために下記のようにしています。

・	・	・	私	た	ち	は	、							

(A.A., p.xviii (18), 7～8行)

行頭に句読点（、や。）、疑問符（？）、感嘆符（！）が来る場合は、前行の行末にぶら下げるようにマス目を作っています。

拗音（ゃゅょ）、促音（っ）、2倍ダッシュ（——）やリーダー（…）については行頭に来ても禁則処理はしていません。

セッション中の約70か所の「ビッグブック」からの引用以外は、通常の引用として掲載しています。

また、原著には文中に「ビッグブック」で使われている言葉が太字で表されているところが数多くありますが、本書でも太字で表わしました（例：「**在庫品の現状**」(p.93)）。小さなカッコの中は、その言葉が「ビッグブック」に登場するページ番号です。

「ビッグブック」（『アルコホーリクス・アノニマス』）、『**12のステップと12の伝統**』、『**アルコホーリクス・アノニマス成年に達する**』は、下記AA日本ゼネラル・サービス・オフィス（AA JSO）から購入できます。

AA日本ゼネラル・サービス・オフィス（AA JSO）
　〒171-0004　東京都豊島区池袋 4-17-10　土屋ビル3F
　電話 03-3590-5377　ファックス 03-3590-5419
　http://aajapan.org/

謝辞

　私は、アメリカおよびカナダ全国各地のAAに保管されている資料を2年間調査し、さらに1940年代にビギナーズ・ミーティングに出席していたオールドタイマー100人以上にインタビューした。そして私自身も4回の1時間セッションを1年間続けてきて、そろそろ本書を出版する準備が整ったと考えた。ところが1996年の12月、私の「スピリチュアル（霊的）なガイド役」の一人が私に電話をかけてきた。そして、この**バック・トゥ・ベーシックス**から、できる限り「ワリー・P」（の考え）を取り除くようにと強く求めてきた。「12ステップのやり方について個人的な意見を説明する本は、AA共同体にはもうこれ以上必要ない。AAの本来(オリジナル)のプログラムがあるのに、自分の解釈を発表して、『真水を泥で濁らせる』人があまりにも多すぎたんだ」という彼の言葉が私の心に響いた。なぜなら、それが40年以上ビギナーズ・ミーティングに関わってきた人の言葉だったからだ。

　そこで私はこの本のすべてのページから「ワリー・P」（の考え）をできる限り取り除く編集を始めた。その後の6ヶ月間、私はカリフォルニア州バーバンク、アリゾナ州フェニックス、バーモント州イースト・ドーセット、ミネソタ州センターシティで**バック・トゥ・ベーシックス**のセミナーを行った。その参加者からのフィードバックを受けて、このフォーマットをより連続性のある、明快なものになるように改善した。そして、1997年8月に初版を出版した。

　それに対する反応は、途方もないほどに肯定的だった。口コミによって、**バック・トゥ・ベーシックス**の存在は全米に、そして全世界に伝えられていった。多くのAAメンバーが、彼ら自身で**バック・トゥ・ベーシックス**のミーティングあるいはグループを立ち上げていった。そこで

何千人もの人たちが回復したことを報告してくれた。

　私はその後も**バック・トゥ・ベーシックス**のセミナーの経験を積み重ねた。オールドタイマーからはさらに情報がもたらされた。またAAのゼネラル・サービス・オフィスから、「クラス」と「インストラクター」という言葉を取り除く提案の手紙を受け取った。そこで、1998年に第二版を出版した。この「本来（オリジナル）」のAAミーティング・フォーマットに対して、その後はごくわずかな変更しか加えていない。

　この本が出版されてからの18年間（1997〜2015）で、50万人以上の**人々がバック・トゥ・ベーシックス**のミーティングあるいはセミナーで12ステップに**取り組んだ**。その多くが何年間もAAを出たり入ったりしていた人たちだったが、この4回の1時間セッションで12ステップに**取り組んだ**直接の結果として「**新しい生き方**」(p.180, 195)を見つけたと報告している。このとても効果的で、成功率の高い「**行動のプログラム**」(p.14)は初期のAAにおいて重要な役割を果たしていたが、こんにちのAAでも同様に重要な役割を果たしている。

　この本を作るにあたって、過去の記録や自身の経験を提供して下さった人たちにお礼をお伝えしたい。「**各個人よりも原理を**」(p.259/563)の精神にのっとって、その人たちの居住する都市名のみ下記に示す。

オハイオ州アクロン	カリフォルニア州パームデール
カリフォルニア州チューラビスタ	アリゾナ州フェニックス
コロラド州デンバー	ミズーリ州ロジャーズビル
オレゴン州エディヴィル	フロリダ州セミノル
オハイオ州インディペンデンス	アリゾナ州サンシティ
アーカンソー州リトルロック	ブリティッシュコロンビア州バンクーバー
アーカンソー州メーズビル	ニューヨーク州ワシントンビル

オハイオ州ニュートンフォールズ　　ミネソタ州センターシティ
テキサス州パルマー　　テキサス州ダラス
ペンシルベニア州フィラデルフィア　　バーモント州イースト・ウォーリングフォド
アリゾナ州プレスコット　　ミネソタ州ハーセンズ島
フロリダ州セバスチャン　　ミズーリ州ジョプリン
テキサス州スプリング　　カリフォルニア州ロサンゼルス
メリーランド州ティモニューム　　ミネソタ州ミネアポリス
ワシントンDC　　オクラホマ州オクラホマシティ
マサチューセッツ州ボストン　　カリフォルニア州パームスプリングス
オハイオ州クリーブランド　　フロリダ州ポンパノビーチ
ミシガン州デトロイト　　ワシントン州シアトル
インディアナ州ゲーリー　　カリフォルニア州ソノラ
フロリダ州ジャクソンビル　　アリゾナ州サンシティウェスト
カリフォルニア州ロングビーチ　　カリフォルニア州ヴェニス
フロリダ州マイアミ　　オンタリオ州ウィンザー
カリフォルニア州ノースハリウッド

バック・トゥ・ベーシックス

ＡＡビギナーズ・ミーティング

前書き

　1997年の本書の出版以前には、ビギナーズ・ミーティングはアルコホーリクス・アノニマス（AA）の歴史の中で忘れ去られた存在になっていた。12ステップ運動の初期の成長に、この4回の1時間セッションが重要な役割を果たしたことを知る人はほんのわずかしかいなかった。

　AAがアルコホリズムから50〜75％の回復率を享受していた時代には、こうしたミーティングがアメリカおよびカナダの全国で行われていた。ニューカマー（新しい人）は、「**どうやればうまくいくのか**」(p.84)をAAに来てすぐに身につけた。そして霊的な体験をし、アルコールのない新しい生き方を見つけ、この希望のメッセージを他の人に運んでいた。

　このビギナーズ・ミーティングで12ステップに取り組むことで、何万人ものAAメンバーがアルコホリズムのスピリチュアル（霊的）な解決を見いだした。彼らは約1ヵ月で12ステップすべてを終えた。そして自分のソブラエティをより確かなものにするために、この回復のプロセスを使って他の人を手助けした。

　本書では、1940年代半ばに行われていたセッションを再現した。このAAミーティング・フォーマットは、もっぱら筆者が手に入れることができた資料の解釈をもとにしている。

　初期のAAでは、セッションのやり方はミーティング・リーダーそれぞれにより違っていて当たり前だった。そのことは現在にもあてはまる。AAビギナーズ・ミーティングを始めようと関心を持った方にぜひお薦めしたいのは、このフォーマットをガイド（道しるべ）——すなわち出発点として使っていただくことだ。プログラムの内容は自由に変えてい

ただいてかまわない。ただし、ドクター・ボブの「シンプルさを保つ（keep it simple）」という哲学に忠実である者が、良い結果を手にしてきた、ということは胆に命じておいていただきたい。

1940年代には、ビギナーズ・ミーティングを巡って論争が起きることはめったになかった。ビギナーズ・ミーティングは「命を救う」という極めて重要な（AAの）目的に適っていた。AAの共同創始者であるビル・Wも、私たちの命を救う努力を「委員会」にコントロールさせてはならない、神にゆだねるべきだと断言した。彼は**グレープバイン**誌の1945年9月号に寄せた記事の中で、彼が始めたAAが成功したのは、AAが規則やルール・メーカーによってではなく、神によって統治されているからだと述べている。

> もし、私たちが規則によって進めていこうとすると、誰かが規則を作らねばならなくなる。さらにやっかいなことは、その規則をもっと強化する必要が出てくるだろう。これまでも私たちは何度も「規則作り」に挑んでみた。たいていそれは、規則はどうあるべきかという「ルール・メーカー」たちの論争をもたらしたに過ぎなかった・・・。
> 　私たちの経験は、不変の真理（12ステップ）が正しく機能することを教えてくれている。（私たちは）人によって統治されるのではなく、原理によって統治される・・・さらに、多くのメンバーが言うとおり（私たちは）神によって統治されているのだ。

この考えが、のちのAAの伝統2の土台となった。伝統2は「私たちのグループの目的のための最高の権威はただ一つ、グループの良心のなかに自分を現される、愛の神である」と述べている。1940年代から50

前書き

年代にかけて、アメリカ・カナダ全土で多くのAAグループがグループの良心の導きによってビギナーズ・ミーティングを始めた。ビギナーズ・ミーティングは、ニューカマー（新しい人たち）が12ステップに取り組んでアルコホリズムから回復できる、安全で構造化された環境を提供した。

第1章では、ビギナーズ・ミーティングの記録文書の一部を紹介する。この情報により、初期のアルコホーリクス・アノニマス（AA）の発展に、こうしたセッションが重要な役割を果たしていたことが理解いただけるだろう。

第2章から第5章では、1946年に行われていた1時間のビギナーズ・ミーティング4回を再現する。筆者は、これらのセッションが、「ビッグブック」や当時のビギナーズ・ミーティングのリーダーたちのやり方に忠実であるように努めた。

第6章では、このビギナーズ・ミーティングの内部の仕組みについて洞察を提供している。1940年代のAAメンバーは、ステップ4と5に取り組むとき、資産と負債のチェックリストを使っていた。毎日の「静かな時間」の中で、ステップ11を紙に書きながら行っていた。彼らはこのビギナーズ・ミーティングに3ヵ月から6ヵ月関わり続けることで、1時間のセッション4回を通じてスポンサーを務める方法を学んでいった。

1940年代半ばには、12ステップ・プログラムは一つしか存在しなかったし、アルコホリズムのスピリチュアル（霊的）な解決法を説明してくれる本も一冊しかなかった――それが**アルコホーリクス・アノニマス（AA）**の「ビッグブック」だ。以後、この本は他の困難を抱えた人たちにも大きな助けになってきた。であるものの、バック・トゥ・ベーシ

ックスはAAミーティングのフォーマットであるので、皆さんにはこうお願いしたい。

> もしあなたがアルコール以外の問題を抱えているのなら、このビギナーズ・ミーティングのなかでアルコールという言葉を見聞きするたびに、それをあなたのアディクション・苦悩・強迫行動に置き換えてください。そうすれば、あなたも、この１時間のセッション４回で12ステップ**すべて**に取り組んだ直接の結果として、回復するでしょう。

「ビッグブック」以降、回復について数多くの本が出版されてきた。しかし、どのようにして12ステップに取り組んだらよいのか、その指示を提供してくれる本は今もなお「ビッグブック」しかない。『**アルコホーリクス・アノニマス**』は、私たちが、「**自分のいちばん深いところ**」(p.81)に存在する「**自分を超えた偉大な力**」(p.66, 68, 80, 85, 267/571)と、親密な、双方向の関係を築くための明確かつ簡潔な手順を伝えてくれる。

「ビッグブック」は、その力が「**私たちが自分では決してできなかったことを、私たちのためにやってくれる**」(p.38)と述べている。12ステップに取り組めば、その力と私たちとの関係を阻んでいる障害物を見つけて取り除くことができる。そうすれば、「**新しく意識した神**」(p.20)の意志を受け取り、それに従えるようになる。「ビッグブック」は自分の意志と神の意志を見分けるシンプルなやり方を提供してくれる。また、「**霊的な状態を保ち続け**」(p.122)るためには、「**仲間と一緒に**」(p.128)取り組むことが必要不可欠だと強調している。

前書き

　「ビッグブック」の85ページには、私たちのあらゆる問題に対する解決が述べられている。

「・・・ここに一つどんな力でも持っているものがある。それは神である。あなたがいま、神を見つけ出しますように！」

Back to Basics

—Courtesy of the NASHVILLE BANNER

　初期のAAでは、ビギナーズ・ミーティングは回復のプロセスに不可欠なものだった。ニューカマーは1時間のセッション4回で12ステップすべてに取り組んだ。その大多数が「**考え方や態度を全面的に変わる**」(p.208)体験をし、二度と飲酒に戻らなかった。

第 1 章
ＡＡビギナーズ・ミーティングの発展

　1939年4月に『アルコホーリクス・アノニマス』の初版が出版された。1935年6月からそれまでの間に100人がアルコホリズムから回復したと、「ビッグブック」に書かれている。成長がこのようにゆっくりとしていた原因の一つは、「**一連の行動**」(p.92, 208, 230)を説明してくれる本がなかったからだ。

> 1935年の終わりまでに5人が回復した。
> 1936年の終わりまでに15人が回復した。
> 1937年の終わりまでに40人が回復した。
> 1938年の終わりまでに100人が回復した。

　『アルコホーリクス・アノニマス』が出版されるとすぐに、AA共同体はこの本に書かれた原理によって成長を始めた。この集団は、アルコホリズムという「**絶望的に思えた精神と肉体の状態**」(p.xvii (17))に対する解決法を提供することに成功した。それによって、一般市民から大きな関心と支持を集めることになった。注目を浴びたことで書籍の売れ行きもメンバー数も増加していった。

> 1939年の終わりまでに400人が回復した。
> 1940年の終わりまでに2,000人が回復した。
> 1941年の終わりまでに8,000人が回復した。

　初期の隆盛は主にオハイオ州クリーブランドで起こった。これは**クリ**

Back to Basics

―**ブランド・プレイン・ディーラー**紙が1939年10月21日から連載した記事のおかげである。ジャック・アレキサンダーが、**サタデー・イブニング・ポスト**紙の1941年3月1日号にアルコホーリクス・アノニマス（AA）を扱った記事を書き、それによってこの共同体は全国的に知られるようになった。1950年にはメンバー数が10万人に達し、それ以降、1990年代初頭までメンバー数は10年ごとに倍増を続けていた。

初期のクリーブランドでは急激にメンバー数が増えたため、新しいAAメンバーが素早く12ステップに取り組めるミーティングが必要になった。

> 新しい人たちのために個人的なスポンサーシップが必要なことが、すぐに明らかになった。そこでつながったばかりの人一人ひとりに古いＡＡメンバーが割り当てられ、そういった人たちを自宅や病院に訪ね、ＡＡの原理について話したり、最初のミーティングに連れていったりした。しかし助けを求める何百件もの訴えを前にして、古いメンバーを十分に配することはできなかった。そのため、わずか一ヶ月か、時にはたった一週間しかやめていないホヤホヤのメンバーが、まだ病院で酒を切っている最中のアルコホーリクのスポンサーをしなければならなかった。[1]

飲酒問題の解決を求める人々が急速に流入したため、しらふになったばかりの新しいメンバーは、極めて短期間でプログラムの基本原理を理解する必要があった。それから彼らは、12ステップを通じて仲間を助

---

[1] 『アルコホーリクス・アノニマス成年に達する』（東京：AA日本ゼネラルサービス, 1990, 2005）31.

けることを勧められた。この方法がとてもうまくいくことが、クリーブランドでの初期の回復率によって立証された。

> クリーブランドの結果は最高のものだった。事実あまりにも良い結果で、それに比べ、他の地のAAメンバーはあまりにも少なかったため、AAは当地で始まったものと考えているクリーブランド人も多くいたくらいだった。[2]

> クリーブランドの記録では、AAにつながった人の九十三パーセントの人が、再飲酒はしなかった。[3]

1941年の冬、その年の2月にできたクロフォード・グループは、ニューカマー（新しい人たち）を12ステップによって手助けするために別個のミーティングを始めた。1942年10月に出版されたクリーブランドの会報「**セントラル・ブリティン**」の創刊号によれば、クロフォードのビギナーズ・ミーティングは、クリーブランドのAAプログラムの一部として定評を得ていた。

クロフォード・トレーニング——ユークリッド通り8920番地——日曜日午後8時30分から [4]

「セントラル・ブリティン」の1942年9月号は「クロフォード・メ

---

[2] 『アルコホーリクス・アノニマス成年に達する』（東京: AA日本ゼネラルサービス, 1990, 2005）33.

[3] 『ドクター・ボブと素敵な仲間たち』（東京: AA日本ゼネラルサービス, 2006）383.

[4] Anonymous, *Central Bulletin* (Cleveland, OR: Central Committee, October 1942) 2.

ンズ・トレーニング」と題した記事を掲載した。それはクリーブランド・ビギナーズ・ミーティングの構造と効果を説明している。この記事は、ビギナーズ・ミーティングがクリーブランド以外のAA全体に広がっていったことを示すエビデンスとして最初の文書である。

クロフォード・メンズ・トレーニング

　クロフォード・メンズ・トレーニングのやり方は多くの人から絶賛されている。ビギナー以外のAAメンバーもこのミーティングに来るよう求められている・・・ここでビギナーはまるで病院にいるかのように一人ひとり個別に注意を払ってもらえる。ビギナーの家を訪問するやり方もあるが、家では常に邪魔が入る不利がある。ビギナーは家族に聞かれるのを恐れて自分のことを完全に打ち明けようとしないし、AAメンバーも同じ理由で口が重くなる。だからメッセージを効果的に伝える場所としては、間違いなく入院先が最善だ。だがそうはいかない場合に、クロフォードのトレーニング・プランは次善の策となっている。

　このグループにはピッツバーグやその近郊からも常に人が集まってきている。[5]

クリーブランドの「**セントラル・ブリティン**」の1943年1月号には、クロフォード・グループのビギナーズ・ミーティングについてワシントンDCグループからの問合せの手紙が掲載されている。この手紙によって、クリーブランドとオハイオ、そしてワシントンDCグループの間でビギナーズ・ミーティングのつながりが生じた。ワシントンDCグルー

---

[5] Anonymous, *Central Bulletin* (Cleveland, OH: Central Committee, November 1942) 2.

プでは、このすぐ後にビギナーズ・ミーティングが始まった。

> 　毎号楽しみに読ませていただいています。もしよろしければ「クロフォード・メンズ・トレーニング・システム」がどのようなものであるか、どう進行するのかをご教示いただけるとありがたいです。
> 　私たちには新しいメンバーのために良いプランが必要です・・・それがあるとたいへん助かるのです。[6]

「**セントラル・ブリティン**」の編集者は、クロフォード・グループのビギナーズ・ミーティングを説明した手紙で応えた。ビギナーズ・ミーティングのセッションはクロフォード・メンズ・グループが「引き受け」ていた。

> 　クロフォード・トレーニング・ミーティングはユークリッド通り8920番地のクロフォード・メンズ・グループのクラブルームで開催しています。このグループには、入院したことのないメンバーがかなりいます。それはすぐに酒がやめられたからという人や、経済的余裕がなくて入院できなかった人たちです。そんなこともあって、入院の代替として、日曜日の午後にミーティングを開いています。経験の長いグループメンバーがビギナーに話します。[7]

---

[6] Anonymous, ***Central Bulletin*** (Cleveland, OH: Central Committee, January 1943) 4.

[7] Anonymous, ***Central Bulletin*** (Cleveland, OH: Central Committee, January 1943) 4.

このユークリッド通りの集会所でのビギナーズ・ミーティングは1943年6月まで続いた。その時に、「**セントラル・ブリティン**」は第二期の開始をアナウンスしている。

> ### マイルス・トレーニング・ミーティング
>
> マイルス・グループは、トレーニング・ミーティングによって並外れた成功を収めたと報告している。ニューカマーはAAのやり方について存分な知識を得るまで、通常のミーティングには出席を許されない。トレーニング・ミーティングには毎回15人から20人が出席しており、そこで新しいメンバーは十分に教えを「叩き込まれる」。このミーティングはイースト116番街4141番地の花屋で開かれている。[8]

1944年1月、クロフォード・メンズ・グループは名称をドーン・メンズ・グループに変え、ビギナーズ・ミーティングの会場をイースト105番街2028番地に移した。「**セントラル・ブリティン**」の1944年3月号には、ドーン・メンズ・グループの人の命を救う活動について新しい情報が掲載された。

> 日曜日のトレーニング・セッションは今も盛況で、30人から40人が集まってくる。毎週そのうち5人から10人は新しい人である。[9]

---

[8] Anonymous, *Central Bulletin* (Cleveland, OR: Central Committee, June 1943) 3.

[9] Anonymous, *Central Bulletin* (Cleveland, OR: Central Committee, March 1944) 4.

AAビギナーズ・ミーティングの発展

　「**セントラル・ブリティン**」の1944年5月号にも、ドーン・メンズ・グループのビギナーズ・ミーティングについて記述がある。すでにこの頃にはセッションがとても成功していたので、ドーン・メンズ・グループのメンバーは、クリーブランドのすべてのグループにニューカマーをビギナーズ・ミーティングに送るよう呼びかけた。

> 　日曜日のトレーニング・ミーティングを午後3時に繰り上げました。私たちはすべてのグループに、グループに入る前のビギナーをこのミーティングに連れてくるように、繰り返しお誘いしています。この会場は個人的な面談をするのにも、リーダーによる基本原理の説明を聞くのにも、素晴らしく適したところです。[10]

　この告知から、すでに1944年の春の時点で、クリーブランドのAAグループに加わるにはビギナーズ・ミーティングへの出席が必須であったことが裏付けられる。クリーブランドのAAグループが実感していたのは、ニューカマーがAAの「通常」ミーティングに出席する前に、まず「基本原理」に親しむことが必要不可欠ということだった。

　AAが成長し全国に広まるにつれ、クリーブランド以外の地域でもビギナーズ・ミーティングは回復のプロセスに不可欠なものになっていった。1943年6月、ミシガン州デトロイトのノース・ウェスト・グループは、ビギナーズ・ミーティングを四つのセッションに標準化した。

---

[10] Anonymous, *Central Bulletin* (Cleveland, OR: Central Committee, May 1944) 3.

> 　1943年6月のこと、回復のプログラムである12ステップを新しいメンバーにより効果的に手渡すため、別にディスカッション・ミーティングを行うという提案が多くのメンバーから出された。そして、目的をこれに絞ったアルコホーリクだけのクローズド・ミーティングを開くことになった。1943年6月14日月曜日の夜、プリマス通り10216番地でノース・ウェスト・グループのこのディスカッション・ミーティングが始まり、その後［1948年まで］毎週月曜日の夜に休みなく続けられた。回復プログラムとしての12ステップをプレゼンテーションするというプランはこのミーティングで形づくられた。学びやすくするために、このプランでは12ステップを四つのカテゴリーに分けた。その分け方は、(1) 認めること、(2) スピリチュアリティ（霊性）、(3) 償いと棚卸し、(4) 継続とメッセージ、である。それぞれの部分を、月曜日の晩ごとに順繰りに行うようになった。このやり方がとてもうまくいったので、まずデトロイトの他のグループに、やがてはアメリカ全土のグループに採用されていった。最終的にその内容がそっくりそのまま『12ステップの説明』(An Interpretation of the Twelve Steps) というパンフレットとしてワシントンDCグループから出版された。[11]

---

[11] Two-page insert bound to the inside cover of a First Edition / Early Printing (4th or 5th) of the book ***Alcoholics Anonymous***.

AAビギナーズ・ミーティングの発展

　アメリカ・カナダの多くの地域で、ニューカマーはAAのビギナーズ・ミーティングで12ステップすべてを終えるまで、「通常」のミーティングへの参加を許されなかった。カナダのオンタリオ州ウィンザーのウィルフレッド・Wは、1943年10月22日に酒をやめた。その6週間後の1943年12月10日、ウィルフレッドは12ステップを終えたことを示す「ソブラエティ・カード」を受け取った。ウィルフレッドは何千人もの「カードを所持した」AAメンバーのなかの一人となった。

カナダのオンタリオ州ウィンザーで3人目のAAメンバーとなったウィルフレッド・Wは、1988年2月14日に収録されたビデオ・インタビューの中で回想している。ウィンザーでの最初のAAミーティングは、1943年10月22日に開かれた。そのミーティングには、ウィルフレッドや地元のメンバー数人に加え、デトロイトから3人が出席した。

オンタリオ州ウィンザーではデトロイトのAAのやり方に倣った。グループは週に三つのミーティングを開いた。オープン・ミーティング、クローズド・ミーティング、そしてビギナーズ・ミーティングである。ビギナーズ・ミーティングは、「ベイビー」が12ステップすべてに取り組めるよう四つのセッションから構成された。ステップは基本的にデトロイトと同じように分けていた。ウィルフレッドは、その区分を「認めること」「スピリチュアリティ（霊性）」「棚卸し」「メッセージを運ぶ」と表現した。[12]

1943年暮れにはフロリダのジャクソンビル・グループがビギナーズ・ミーティングを始めた。グループのミーティングのスケジュールは、一般の人にも公開された全体ミーティングが週に1回、メンバーのみが参加できるミーティングが週に6回あった。それに加えて、火曜日の午後8時半からは、ニューカマーが12ステップに取り組むミーティングがあった。

火曜日・・・・・・・・ビギナーズ・クラス[13]

---

[12] Video tape interview of Wilfred W., conducted by Dave W., on February 14, 1988.

[13] Anonymous, ***A.A. Jacksonville Group*** (Jacksonville, FL: Jacksonville Group, 1943) 2.

AAビギナーズ・ミーティングの発展

1944年9月、ワシントンDCグループが、『**アルコホーリクス・アノニマス——12ステップの説明**』（*Alcoholics Anonymous—An Interpretation of the Twelve Steps*）というパンフレットを出版した。これには、ビギナーズ・ミーティングのリーダー向けの指示が、20ページを費やして詳しく書かれている。このパンフレットは「アンクル・ディック」（リチャード・J）が編集し、パラゴン・プレスが出版した。

パンフレットはこのような文章で始まっている。

> こうしたミーティングを開く目的は、古いメンバーと新しい人たちの両方に、私たちのプログラムの基盤になっている12ステップを伝えるためだ。
>
> 最小限の時間で12ステップ全体をカバーするために、それを四つに分け、週に一晩、一つずつ進めていく。そのため新しい仲間は一ヵ月で私たちが提案された12ステップの基礎を掴むことができる。
> 　　ディスカッション＃1——認めること　ステップ1
> 　　ディスカッション＃2——スピリチュアル（霊的）な段階
> 　　　　　　　　　　　　　ステップ2・3・5・6・7・11
> 　　ディスカッション＃3——棚卸しと埋め合わせ
> 　　　　　　　　　　　　　ステップ4・8・9・10
> 　　ディスカッション＃4——能動的な行動　ステップ12 [14]

1940年代から50年代には、アメリカ・カナダ全国のインターグループやセントラル・オフィスがこのパンフレットを再版した。AAグレイター・デトロイト・インターグループ・オフィスでは今もこのパンフレ

---

[14] Anonymous, ***Alcoholics Anonymous—An Interpretation of Our Twelve Steps*** (Washington, D.C.: Paragon Creative Printers, September 1944) 1-2.

ットの頒布を続けている。

　1944年秋、このワシントンDCグループのパンフレットが、ミネソタ州ミネアポリスの初期AAメンバーの一人、バリー・Cの手に届いた。彼はAAのニューヨーク本部に手紙を書き、このパンフレットを配布する許可を求めた。ビル・Wとアルコホーリク財団（訳注：現在のAA常任理事会）の秘書を務めていたボビー・バーガーはこう返信した。

> 　最近のクリーブランドやワシントンのパンフレット、その他の主催による活動はすべてローカルな試みです。・・・私たちはこうしたローカルな活動を実際的には承認もしませんし、否定もしません。つまり、各グループには、それぞれの「缶切り」を自分たちで書き、そのメリットを主張する権利が与えられている、と財団はみなしているのです。そのすべてには良い点がありますし、議論を引き起こすことはほとんどありません。ですが、ローカルな他のすべての活動と同じように、私たちは干渉を避け、賛成も反対もしません。・・・率直に言って時間がなく、ワシントンのパンフレットをざっと眺めるのが精一杯なのですが、良い評判を耳にしています。こうしたローカルなパンフレットは少なくとも25種類はあると思います。そして、私は良い点のないものは目にしていません。こうしたグループが出版しているパンフレットを買って使うかどうかは、個々のグループの判断にまかせて構わないと思います。[15]

---

[15] Letter from Margaret R. Burger, New York, NY, on "The Alcoholic Foundation" letterhead to Barry C., Minneapolis, MN, dated November 11, 1944.

AAビギナーズ・ミーティングの発展

　1945年に、**グレープバイン**誌はビギナーズ・ミーティングについての記事を三つ掲載した。最初は6月号の記事で、ミズーリ州セントルイスでどのようにビギナーズ・ミーティングが実施されていたか述べている。この記事には、ニューカマーは12ステップすべてを終えるまでローカルなAAグループのメンバーにはなれない、という記述がある。

> 　セントルイスに四つあるAAグループの一つであるウィルソン・クラブでは、AAメンバーになりそうな人や新しいメンバーを「教育」するためのとても良い方法を採用している。これによって、新しいメンバーがスリップすることがずっと少なくなった。その方法は簡潔にまとめると次のようなものである。新しいメンバーは木曜日の夜のミーティングに4回連続で出席を求められる。それぞれの回は、新しい仲間がアルコホーリクス・アノニマスについて、その成り立ちや、どのように効果があるかなどを学べるように作られている。新しい仲間は、ビッグブックについて、またこの独特のグループ（AA）がどのように機能するかという説明を受ける・・・。
> 　ウィルソン・クラブでは、この4回の教育的なミーティングを受けないと、完全なグループメンバーだとは認められない。[16]

　グレープバイン1945年9月号には、ニューヨーク州ロチェスターのジェネシー・グループでの、ステップを新しい仲間に伝えるフォーマットの紹介がある。これは合衆国の多くの地域で、ニューカマーは12ステップすべてを終えなければローカルなAAグループのメンバーになれ

---

[16] Anonymous, ***The Grapevine*** (New York, NY: The Alcoholic Foundation, Vol II, No.1, June 1945) 4.

なかった、という事実を示すもう一つの資料である。

> ・・・新しい仲間を誰でも彼でもグループに受け入れ、彼らに適切な事前トレーニングを施さず、知識も与えずに済ませてしまう。すると、重大な悲劇を招くことになり、グループ自体の士気も著しく下げることになり得ます。それが私たちの経験です。その人が教育のコースに参加し、AAの生き方について理にかなった説明を受け、それを留保なく受け入れない限り、グループの仲間ではない。そう私たちは感じています。初心者がAAの目的をはっきりと理解し、基礎を十分に把握したとスポンサーが判断したら、ようやくその人を最初のグループのミーティングに連れて行くことにしています。
>
> ・・・そこで彼は12ステップと四つの絶対性についての話を聴きます。グループの古いメンバーが20分間の講義をしてくれますが、12ステップを簡便に四つのセクションに分けています。最初の講義の内容はステップ1・2・3について。2回目がステップ4・5・6・7。3回目はステップ8・9・10・11。そして最後の回はステップ12だけでその晩全体を通して話をするのがふさわしいと見なされています。[17]

グレープバイン誌の1945年12月号には、ミネソタ州のセントポール・グループが寄稿したビギナーズ・ミーティングの様子がまるまる1ページを使って掲載された。これは大きなグループだったので、四つのセッションを同時進行することができた。

---

[17] Anonymous, ***The Grapevine*** (New York, NY: The Alcoholic Foundation, Vol. II, No.4, September 1945) 6.

> セントポール・グループでは現在新しいメンバーに向けたディスカッションを行っています・・・これはすでに7ヵ月続いています。・・・このディスカッションはワシントンDCグループが出版したパンフレットやその他のものを素材にしています。
>
> 4回のディスカッションによってAAプログラムの概略を説明します。毎回二人のメンバーが準備をし、事前に自分たちのディスカッションをグループの他のメンバーに発表します。このように「試演」をやって批判的な注目を受けることで、彼らは自分たちのディスカッションを再構成し、書き直すことができます。これは、グループの経験や他から伝えられた経験にもとづいた主題を、グループ全体が適切と思える説明で提供できるようにするためです。
>
> このプランは全体として、45分のディスカッション4回で、AAプログラムを可能な限り明確に、簡潔に、そして完全にカバーしています。毎回の終わりに質疑応答の時間を設けています。クラブルームの間取りには余裕があるので、水曜日の晩には四つのディスカッションすべてをそれぞれ違う部屋で同時進行させています。新しいメンバーはそのすべてのセッションに正しい順番で出席するように促されます。[18]

1945年、ミネソタ州ミネアポリスのバリー・Cは、イリノイ州ピオリア・グループのメンバーから一通の手紙を受け取った。その手紙には、バドというメンバーがペオリア・グループでビギナーズ・ミーティング

---

[18] Anonymous, *The Grapevine* (New York, NY: The Alcoholic Foundation, Vol. II, No.7, December 1945) 4.

を始めた取り組みについて書いていた。新しい仲間だけでなく、前からグループにいるメンバーもその四つのセッションに参加する必要がある、というのがペオリア・グループの導き出した良心だ、と述べている。

> これまで私なりのゆっくりとした慎重な方法で、ピオリア・グループのやり方をこのニコレット・グループに伝えてきました。明日の晩メンバーで集まって、あなた方のやり方を地区の状況に合わせて少々変えて採用する取り決めをします。日曜日の午後4時半に12ステップの最初のクラスが始まります。今のところ私たち全員が同じ立場ですから、全員でこの最初のシリーズに参加します。困ったときだけ助けを求めてくるAAメンバーもどきが結構たくさんいますが、このクラスに出席しなければならないという決まりを課すことで、自然に脱落して減っていくと期待しています。こうした排除の見通しがついたことを、私たちは控えめに喜んでいます。というのも、酔っ払いを車で迎えに行き、家でしらふに戻してやるという私たちのサービスにただ乗りする連中に、ほとほとうんざりしているからです。[19]

グレープバイン誌の1945年6月号には、良いスポンサーが備えている19の特徴のリストという記事が掲載された。そのリストのうち二つは、ビギナーズ・ミーティングについて直接言及している。

> 4. 新しいメンバーと一緒にすべてのクラス（ビギナー

---

[19] Letter from Bud _., Peoria, IL, to Barry C., Minneapolis, MN, dated Friday 13, 1945.

> ズ・ミーティング）に出席する。
> 5. 新しいメンバーがクラス（ビギナーズ・ミーティング）に出席しない言い訳をするようなら、・・・スポンサーはこのミーティングに出ることの重要性を、きちんとその人に理解させる。[20]

　1946年より前のどこかの時点で、オハイオ州のアクロン・グループはAAプログラムについて4冊シリーズのパンフレットを出版した。これは、アルコホーリクス・アノニマスの共同創始者の一人であるドクター・ボブの指示を受けて、エヴァン・Wが執筆したものである。

　AA共同体には「ブルーカラー（肉体労働者）向けAAパンフレット」のようなものが必要だとドクター・ボブは思っていた。というのは「ビッグブック」は多くのニューカマーにとって理解が難しいと彼が感じていたからだ。彼はエヴァンに「回復のプログラム」を一番簡単な言葉で説明するように頼んだ。

　この『**12ステップへのガイド**』（*Guide to the Twelve Steps*）と題されたパンフレットの序文は、オハイオ州のアクロン・グループのビギナーズ・ミーティングに言及している。

> 　『アルコホーリクス・アノニマスの12のステップへのガイド』は、この団体の最も古いメンバーが編集したもので、飲まないで生きるための法則をシンプルに、短く、簡明に説明している。筆者と編集者はどちらもオハイオ州の

---

[20] Anonymous, ***The Grapevine*** (New York, NY: The Alcoholic Foundation, Vol. II, No.2, July 1945) 4.

> アクロン・グループのメンバーである——アクロンはAAが1935年に誕生した場所である。・・・考え方や説明のほとんどは、アクロン・グループのベテラン・メンバーが行った教育クラスで使っていたものだ。
>
> 　12ステップは、アルコホーリクがソブラエティを手に入れ、維持し、社会に復帰していくための合理的な手順である。このプログラムを忠実にたどったアルコホーリクは皆が飲まないで生き続けた。それがAAの歴史である。ステップのどこかを省こうとしたり、飛ばして先へ進もうとした人たちはやがて問題にぶつかった。これは例外ではなく一般則である。
>
> 　12ステップのどれが一番大切なステップかと聞かれて、あるオールドタイマーは質問を返すことで答えた。「車輪のスポークのうち、どれが一番大切でしょうか？」 12本のスポークがある車輪から、スポークを一本取り除いてみる。おそらく車輪はそのまま車体を支えてくれるだろうが、強度は弱まっている。さらに一本抜けばもっと弱くなり、やがて車輪は壊れてしまうだろう。同じことはAAについても言える。ステップのどこかをやらないというのは結果的にうまくいかないのだ。
>
> 　ニューカマーにはできるだけ早い時期に12ステップを経験させることが重要だ。その人がきちんと回復できるかどうかは、それにかかっている。[21]

AAグレープバイン誌の1946年6月号に、その当時使われていた資産と負債のチェックリストが掲載された。ドクター・ボブやAAの初期メ

---

[21] Anonymous (Evan W.), *A Guide to the Twelve Steps of Alcoholics Anonymous* (Akron, OH: A.A. of Akron, undated (1945?)) 1.

ンバーたちは、ステップ4に取り組むニューカマーにこのチェックリストを使わせていた。

　このAAグレープバイン誌の記事のリストには17の資産と負債が載っている。この棚卸表は、「ビッグブック」の92ページから93ページにかけて、**「商売の棚卸し」**(p.92)つまり「在庫品」の査定として描写されている。この「棚卸表」は、アメリカ・カナダのあらゆるインターグループやセントラル・オフィスが再版し、広まっていった。[22]

日々の棚卸し

負債— 　　見張る：	資産— 　　得る努力をする：
自己憐憫	無私無欲（献身）
自己正当化	謙虚
尊大（自信過剰）	謙遜（慎み深く）
自虐（自己非難）	自分に寛容
不正直	正直
短気（焦り）	忍耐
憎しみ	愛
恨み	許し
誤ったプライド	実直
嫉妬	信頼
妬み	寛容
怠惰	活動
優柔不断（先延ばし）	即座に
不誠実（偽善）	率直
マイナス思考	プラス思考
品のない不道徳な考え	スピリチュアル（霊的）で清い考え
批判（あら探し）	良い点を探す

---

[22] Mark W., *The A.A. Grapevine* (New York, NY: The Alcoholic Foundation, Vol. III, No.1, June 1946) 10.

1946年、バリー・Cとエドワード・Wが『**アルコホーリクス・アノニマス・プログラムの12ステップの説明**』（*An Interpretation of the Twelve Steps of the Alcoholics Anonymous Program*）という本を出版した。これは後に『**リトル・レッド・ブック**』（*Little Red Book*）と改題された。バリーとエドは、このときから約二年間ミネソタ州ミネアポリスのニコレット・グループのビギナーズ・ミーティングのリーダーを務めた。

著者の辞にこうある。

> 本書「アルコホーリクス・アノニマス・プログラムの12ステップの説明」は、最初は新しいAAメンバー向けに行う12ステップ・ディスカッション・ミーティングで使うために書いた講義ノートだった。それにはとても効果があり、役に立つことが分かった。そこで、多くのグループが、謄写版でコピーを作って使うようになった。多くの人たちやグループから書籍化するように要望があったので、出版することとした。[23]

バリー・Cとエド・Wはその後20年に渡って『**リトル・レッド・ブック**』の出版を続けた。（1957年以後はヘイゼルデンから改訂版が出版されている）。コル・ウェブ（Coll-Webb）が出版した後期の版には、以下のような献辞が載ったカバーがかかっていた。

> 多くのメンバーがAAで最初に『**リトル・レッド・ブッ**

---

[23] Anonymous, (Ed W. and Barry C.) *An Interpretation of the Twelve Steps of the Alcoholics Anonymous Program* (Minneapolis, MN: Coll-Webb Company, 1946) 6.

> ク』から学んだ。これほど役に立った実績のある本はまず他にない。
>
> 　本書はAAビギナー向けに行われていた12ステップの講義の原稿をもとにしている。アメリカ・カナダのメンバーのリクエストに応じ、講義ノートからできあがった原稿をドクター・ボブに送った。彼はこの原稿を承認し、本書は1946年に出版された・・・。
>
> 　世界中の何千人ものAAメンバーが、信頼できるガイドブックとして『リトル・レッド・ブック』から12ステップの実際的な手法を学んだ。本書は、『アルコホーリクス・アノニマス』の内容の正統な解釈にもとづき、創始者たちが与えてくれたステップの一つひとつに、確実で実行可能な理解を与えてくれる。
>
> 　共同創始者であるドクター・ボブは、本書を「最も役に立つ」と支持した。[24]

　ドクター・ボブが正当性を認めていたのは、アクロン・グループが出版したパンフレット『**アルコホーリクス・アノニマスの12ステップのガイド**』だけではない。彼は同様に『**リトル・レッド・ブック**』も推した。どちらも、AAビギナーズ・ミーティングから直接的に誕生したものである。

　多くのビギナーズ・ミーティングはアルコホーリクのみに向けたクローズドだった。その他に「**霊的な生き方を求める人なら誰でも**」(p.233)対象としたオープンのものもあった。ニューヨーク市のマンハッタン・グループではオープンとクローズド、両方のミーティングを行っていた。

---

[24] Anonymous, ***The Little Red Book*** (Minneapolis, MN: Coll-Webb Company, 1954) Back cover of dust jacket.

1946年のミーティング一覧表によれば、木曜夜のマンハッタン・グループは「通常」のクローズド・ミーティングの前に、45分のクローズド・ビギナーズ・ミーティングを開いていた。

AAミーティング一覧表　ニューヨーク市及び近郊 1946年				
	グループ名	場所	ミーティング形式	時間
日曜日	マンハッタン	ニューヨーク市西41番街405番地	ビギナー（オープン）	3:00pm
木曜日	マンハッタン	ニューヨーク市西41番街405番地	クローズド（ビギナー）	7:45pm
木曜日	マンハッタン	ニューヨーク市西41番街405番地	クローズド（通常）	8:30pm[25]

1947年9月、AA東南地域コンベンション委員会は145項目のアンケート調査の結果を出版した。ヴァージニア州からルイジアナ州まで11の州の185グループにアンケートを送り、60グループが回答した。それには「スポンサーシップ」「12ステップワーク」「AAのスピリチュアル（霊的）な側面」「棚卸しと自分自身の掃除」「教育」などの項目が含まれていた。その回答からはこの時期のAA共同体の内部の仕組みについて示唆に富む情報が得られる。

> **スポンサーシップ**
> 　新しい仲間を連れてきた人が、自然とスポンサーになる。グループの中に新しいメンバーの知り合いがいない場合には、その人が慣れてきて自分でスポンサーを選べるようになるまで、スポンサーが割り当てられる。スポンサーの義務について表現は様々だが、大まかには同一である。それは新しいメンバーにAAの生き方を会得させること

---

[25] Anonymous, *1946 Schedule of A.A. Meetings in New York City and Vicinity* (New York, NY: New York Intergroup Office, 1946) 1.

だ。・・・実質的にすべてのグループで、女性のスポンサーは女性、男性には男性であるべきとされている。

12番目のステップワーク

実質的にすべてのグループで、経験あるメンバーはもちろんのこと、新しいメンバーも12番目のステップワークをするように奨励している。ただしほとんどのグループで、できる限り経験あるメンバーが付き添うべきだとしている。何年も酒をやめている人よりも、酒をやめて数日の人のほうが、飲んだくれの気持ちが良く理解できることも多くある。

多くのグループでは12番目のステップワークを精神病院、病院、留置所、刑務所などの施設で行っている。多くの活動は、救世軍や様々な教会のミッション（伝道活動）と協力して行われる。

AAのスピリチュアル（霊的）な側面

回答のあったグループの50パーセントは、新しい人に対してスピリチュアル（霊的）な事柄を強調している。60グループ中の37グループは、教育プログラムの中でスピリチュアルな事柄を扱っている。

得られた回答から、プログラムのスピリチュアルな側面の相対的な重要性が強く認識されていることが示された。その中にはこういう表現がある：「プログラムの核心」「最重要事項」「AAの土台」「成功の基礎」など。

棚卸しと自分自身の掃除

個人史（ケース・ヒストリー）を書くことを求めているのは（60グループ中）2グループのみ。四つのグループを

> 除き、他のすべてのグループでは棚卸表の作り方は完全にメンバーまかせである。また、打ち明ける相手の選び方についても同様である。
>
> **教育**
> 　グループのおよそ半数しか、新しいメンバー向けに計画的に行われる教育プログラムを用意していない。多くのグループにはビギナーズ・ミーティングあるいは教育ミーティングがある。そこで使われる教材は主にAAの書籍と12ステップについての本である。[26]

およそ半数のグループにビギナーズ・ミーティングがあるということに対し、この調査をまとめたメンバーががっかりして「**しか**」と書いているのは興味深い。こういう人たちは、AA全体の成功が「教育的」なミーティングにかかっていると分かっている。このように書くことで、要するに残りのグループに対してビギナーズ・ミーティングを始めるよう促しているのだ。

マサチューセッツ州ボストンのビギナーズ・ミーティングは、ボストン・セントラル・オフィスの主催で、ボストン市域全体のイベントだった。1949年6月のミーティング一覧表によると、ビギナーズ・ミーティングはハンチントン通り30番地のセントラル・オフィスで、全グループ合同ミーティングの90分前に行われていた。[27]

---

[26] Anonymous, ***Digest of Survey on Southeastern A.A. Groups*** (Memphis, TN: Memphis Alcoholics Anonymous Foundation, Inc., September 1947) 1-5.

[27] Anonymous, ***List of Groups–Time and Place of Meetings*** (Boston, MA: Central Service Committee, June 22, 1949) 1.

AAビギナーズ・ミーティングの発展

アルコホーリクス・アノニマス

セントラル・オフィス委員会

マサチューセッツ州ボストン市ハンチントン通り30番地
ケンモア 6-4642

オフィス開所時間：午前9時～午後5時（月～金）
午後7時～9時（水曜日夜）

グループ一覧──ミーティング会場と時間

全グループ合同ミーティング
毎週水曜日　午後8時半
ハンチントン通り30番地

ビギナーズ・ミーティング
毎週水曜日夜　（午後7時～8時）
ハンチントン通り30番地　204・205号室

　アルコホーリクス財団（訳注：現在のAA常任理事会）は、1950年に**『セクレタリ・ハンドブック』**（*Handbook for the Secretary*）を出版した。後にそれは**『グループ・ハンドブック』**（*Group Handbook*）と改題された。

　その中のある章に、AAミーティングを開く上でのガイドラインがある。その時点では、AAには3種類のミーティングしかなかった。オープン・スピーカーズ・ミーティング、クローズド・ディスカッション・ミーティング、そしてビギナーズ・ミーティングだ。ビギナーズ・ミーティングの構成の説明に、当時イリノイ州シカゴで行われていたものを取り上げている。

> ### III. ビギナーズ・ミーティング
> 　大きな都市では、ニューカマー向けの特別なAAミーティングが大きな効果をあげている。通常それは、「ビギナーズ・ミーティング」としてオープン・ミーティングの30分前に開催し、AAの説明を行う。たいていは「経験のある」メンバーが新しいメンバーにAAプログラムを明確に伝えるためのプレゼンテーションを行う。そのプレゼンテーションが終わると、ミーティングは質疑応答の時間になる。たまにAAの経験談を一人あるいは二人以上が発表することもある。もっぱらニューカマーと彼ら自身の問題に焦点があたるようにしている。[28]

　フロリダ州マイアミのエニス・Pは、1997年3月に行われたインタビューで、彼の地域で行われていたビギナーズ・ミーティングについて回想している。1951年7月、彼は地元のAAクラブで開かれた「新人クラス」に参加した。

　エニスによれば、ビギナーズ・ミーティングを始めたのはインター・グループ・オフィス所長のフレッド・Cだった。フレッドは、インター・グループ・オフィスには「ニューカマーがAAに通うようにする」責任があると感じたのである。

　後に南フロリダの評議員としてゼネラル・サービス評議会に出席したドナ・Hが、最初のシリーズのミーティングを担当した。エニスによれば、ルース・Rも初期の講師の一人だった。

---

[28] Anonymous, ***Handbook for the Secretary*** (New York, NY: The Alcoholic Foundation, 1950) 2.

マイアミでは、12ステップを3回に分割していた。セッションは月曜日の夜7時から3回連続で行われていた。

> 降伏する――――ステップ1〜3
> 掃除する――――ステップ4〜9
> 従って生きる―――ステップ10〜12 [29]

すでに述べた多くの都市以外にも、アメリカ・カナダ全土の多くの場所でビギナーズ・ミーティングが開かれていた。今もなお、数多くのオールドタイマーが、自らがステップに取り組み、AAのサービス活動の一環として他の人を手助けした当時について、熱く語っている。

ビギナーズ・ミーティングがそれほど重要なものだったのなら、その後何が起きたのだろう。最近30年間にAA共同体に加わったメンバーの大部分は、4回の1時間セッションが起こす回復の奇跡を体験したことがない。

マイアミ州フロリダのオールドタイマーで、1950年代半ばにセッションを行っていたルース・Rは、ビギナーズ・ミーティングの消滅について一つの洞察を与えている。彼女は1953年にAAに加わった。その当時、南フロリダのビギナーズ・ミーティングでは『**アルコホーリクス・アノニマス**』と『**リトル・レッド・ブック**』の二冊を使っていた。

ルースによると、1950年代の終わりにビギナーズ・ミーティングが廃れていったのは、AAが『**12のステップと12の伝統**』を出版したことによる。マイアミ地域では、『**12のステップと12の伝統**』が「ビッグ

---

[29] Audio tape interview of Ennis P., conducted by, Kevin B., on March 2, 1997.

ブック』と『リトル・レッド・ブック』に取って代わり、ビギナーズ・ミーティングはステップ・ミーティングに置き換えられた。

　ビギナーズ・ミーティングが「ステップ・ミーティング」に変わっていく過程で、12ステップに取り組むのに必要な期間はそれまで4週間だったものが、12週間あるいは16週間へと引き延ばされた。形式ばらず分かりやすい資産と負債のチェックリストは、ビッグブックの94〜95ページにある面倒で詳細な三列の棚卸表に置き換えられた。そもそもこれは数時間で終えられるシンプルなプログラムとして着想されたものなのに、それが複雑で、多くのニューカマーが乗り越えられない回復の障壁へと変化してしまった。

　12ステップに取り組むことは、ステップを「分かち合う」こととは違う。ビッグブックは**「私たちが踏んだステップ」**(p.85)と述べている。「私たちが集まって話をしたステップ」とは書いていない。AAのパイオニアたちは――自分を知ることではなく――**「行動」**がスピリチュアル（霊的）な経験をもたらしアルコホリズムからの回復が起こることを、実例によって明確に示した。

　「ビッグブック」の126ページにはこう書かれている。

**　私たちアルコホーリクは、自己規制力をあまり持たない。だからこれまで述べたような簡単な方法で、神に訓練してもらうのだ。
　しかしそれだけでは終わらない。一にも行動、二にも行動。「行動のない信仰は死」なのだ。**

第2章

セッション＃1　概論とステップ1

　これまでのAA（アルコホーリクス・アノニマス）の歴史の中には、AAプログラムによって50〜75％の人たちがアルコホリズムから回復していた時代がありました。どうしたら、そんな素晴らしい過去の回復率を取り戻せるのでしょう。それには、私たちが時間をさかのぼる旅をして、その時代の様子を見てみる必要があります。ではその旅を始めましょう。

　さあ今は、1946年の秋です。あなたはアルコールの問題を抱えていて、AAに電話をかけて相談します。すると二人のAAメンバーが、あなたに会いにやってきます。

　かつては問題ある酒飲みだった二人は、アルコールについての自分の経験と、どうやってそこからの出口を見つけたかを、あなたに話してくれます。誰かの役に立つことが、自分の回復のためになる。だから話をしてくれるのです。

　あなたはこの二人の話を聞いて、自分が入院することを承知します。二人は、あなたの体からアルコールを抜くために地元の病院に連れて行きます。当時の入院期間は3日間でした。入院中は、あなたのところへ、地元のAAグループのメンバーがたくさん面会に来るでしょう。

　退院すると、あなたにはスポンサーあるいはシェアリング・パートナーが割り当てられます。その人には、あなたと一緒にAAのビギナーズ・ミーティングへ出席する責任があります。あなたは1ヶ月で12の

ステップ全部に取り組みます。そうして、あなたの人生は変わり、もう二度と酒を飲むことはありません。

どうでしょう。本当に信じられないほどシンプルです！　シンプルですが、これには効果があったのです！　1940年代のAAの優れた回復率は、主にこの４回の１時間セッションをやっていたおかげでした。何万人ものアルコホーリクにとって、このビギナーズ・ミーティングが「**回復の基礎**」(p.140)になっていたのです。

ちょっと想像してみて下さい。ここはアメリカ中西部の町、週末の夕方です。あなたは地元の教会の集会室のテーブルに向かって座っています。あなたは、『**アルコホーリクス・アノニマス**』という題の本と、紙と鉛筆を手にしています。ちょうど、４回の１時間セッションの第１回が始まるところです。

ミーティングは地元のAAグループが開いています。リーダー（案内役）の人たちはグループのメンバーで、12ステップに取り組んだ経験があり、12ステップを通じて他の人を手助けしています。彼らがこのビギナーズ・ミーティングのいまの当番なのです。

私たちは1946年のAAのミーティング形式からひとつだけ変更しました。当時は『**アルコホーリクス・アノニマス**』の初版が使われていました。それを現在の版のページ番号に変えてあります。（訳注：日本語版は、現在の日本語版『アルコホーリクス・アノニマス』のページ番号に合せてあります）。

* *

ようこそ！　これはあなたの人生を変える４回シリーズのAAミーテ

ィングの第１回です。これからの４週間で、皆さんは『**アルコホーリクス・アノニマス**』という本に書かれた12のステップに取り組むことで、アルコホリズムという苦しみから回復するというやり方を学んでいきます。

　AA（アルコホーリクス・アノニマス）はこの巧妙な病気の解決方法を見つけました。AAのメンバーとして、私たちはその解決方法を皆さんと分かち合います。このスピリチュアル（霊的）な「**行動のプログラム**」(p.14, 62)は、あなたの飲酒への強迫観念を取り除き、アルコールなしの新しい生き方を与えてくれるでしょう。

　私の名前は＿＿＿＿＿＿です。私は＿＿＿＿＿＿です。どちらもAAのメンバーです。私たちがこのミーティングのリーダーを務めるのは、自分が飲まないで生きるためです。この役割には金銭的な報酬はありません。皆さんが回復して、他の人たちを助ける姿を見ることが、私たちにとっての見返りになるのです。

　まず、『**アルコホーリクス・アノニマス**』の本のこの部分（「初版に寄せて」２ページ目の５行目から）を読んで、セッションを始めましょう。

私たちの集まりは

Back to Basics

（A.A., p.xviii（18），5~8行）

　私たちが読んでいるこの本は、AAの回復の教科書です。このセッションではこの本しか使いませんが、例外としてAAのパンフレットやニューズレターの記事、それにこの本「ビッグブック」を書く材料になったものを参照することがあります。

　いま読んだ文章は、AAの共同体のことを短く説明しています。私たちは宗教ではありませんし、政治にも、心理学にも、医学にもくみしません。

　この本の題名は、これが無名の集まりだということを意味しています（訳注：アルコホーリクス・アノニマスは、「無名のアルコホーリクたち」という意味）。このミーティングでも、AAの他のミーティングでも、あなたのアノニミティ（無名性）は守られます。だから、あなたにも、私たちや、この部屋にいる他の人たちのアノニミティを守ってくださるようにお願いします。

　この「ビッグブック」が最初に出版されたのは1939年の４月です。最初の100人のうちの何人かが、この本にアルコホリズムから回復する方法を書きました。それ以来、世界中のアルコホーリクがこの本を回復のプログラムの基礎として使ってきました。

　「ビッグブック」はもともと『**百人の男たち**』（*One Hundred Men*）という題名でした。この本が書かれた時には、AAには女性が一人もいな

概論とステップ１

かったんですね。やがて、フローレンス・Rという女性がニューヨークのAAミーティングに出るようになりました。彼女が酒をやめ続けたので、男たちもこの本の名前を変える気になって、それで題名が変わりました。けれどもそれは、本の出版が間近に迫っていた時期でしたので、本の中身まで変えている時間はありませんでした。

　だから、「ビッグブック」を読むときに、これは男性が男性のために書いた本だということを心に留めておいてください。もちろん、今ではたくさんの女性がAAプログラムにつながっています。でも、この本が最初に出版された時には、そうではありませんでした。

　各セッションは１時間で、その後に質疑応答の時間を十分に取ります。ですから、分らないことや、はっきりさせておきたいことがあったら、メモに書き留めておいてください。セッションが終わったら、質問にお答えします。

　もし私たちが「ビッグブック」に書かれていないことを話しているとすれば、それは事実を述べているのではなく、自分の考えを述べている、ということです。私たちはこのプレゼンテーションに自分たちの個人的な意見が混じらないようにベストを尽くします。プログラムについて、私たちの個人的意見をお伝えしたいのでは**ありません**。私たちはAAプログラム――初期のAAメンバーが実践し、書き残してくれたAAプログラムをお伝えしたいのです。

　ビギナーズ・ミーティングが始まったのは1940年代の初めでした。その頃、AAはメンバーが急に増えだしたので、古いメンバーが新しい人たちに一対一のスポンサーシップで12ステップを手渡すというやり方では追いつかなくなりました。このセッションは1944年９月にワシントンDCグループが出版した『**アルコホーリクス・アノニマス―12ス**

テップの説明』（*Alcoholics Anonymous—An Interpretation of the Twelve Steps*）というパンフレットを下敷きにしています。1944年以降、このパンフレットはアメリカ全体で使われるようになりました。そのパンフレットの序文にはこうあります。

> 　こうしたミーティングを開く目的は、古いメンバーと新しい人たちの両方に、私たちのプログラムの基盤になっている12ステップを伝えるためだ。
> 　最小限の時間で12ステップ全体をカバーするために、それを四つに分け、週に一晩、一つずつ進めていく。

（『アルコホーリクス・アノニマス——12ステップの説明』p.1）

1945年、AAのニューヨーク本部が出版している月刊誌**『グレープバイン』**は、ビギナーズ・ミーティングの記事を三つ掲載しました。三つの記事は、ミズーリ州セントルイス、ニューヨーク州ロチェスター、ミネソタ州セントポールでのセッションの様子を説明しています。

グループはそれぞれビギナーズ・ミーティングの進め方のガイドラインを作っていました。ですが、どのグループにも共通している目的がありました。それは、ニューカマー（新しい人たち）がAAの原理を学び、12ステップに取り組み、人生を変えるスピリチュアル（霊的）な体験が得られるように、安全で構造化された環境を提供することでした。さらに、こうしたミーティングは、すでにステップを経験した人たちに対して、新しい人たちを手助けする機会を与えていました。

この仕組みをうまく動かすために、ニューカマーは、1時間のセッション4回を通して案内役を務める意欲を持ったAAメンバーとペアを作る必要があります。ニューカマーが一人でビギナーズ・ミーティングに

概論とステップ1

出席することはありません。必ずスポンサーかシェアリング・パートナーと一緒です。

皆さんによく理解していただくために、ビギナーズ・ミーティングのガイドラインを示します。

ニューカマー（新しい人たち）へ

1. これから四つのセッション全部に出席してください。交通手段の手助けが必要な場合には、あなたのスポンサーあるいはシェアリング・パートナーが相談に乗ってくれるでしょう。

2. 私たちは「ビッグブック」の中から必要な部分、特に12ステップの取り組み方を述べている部分を抜き出して読んでいきます。

   「ビッグブック」を持ってきた人は、一緒に目で読んでください。私たちは読み上げる前に、ページ番号と行数をお知らせします。

   本を持っていない人は、耳から聞くことで参加してください。私たちは、「ビッグブック」の12ステップの全体をご案内します。私たちが「ビッグブック」の指示を読み上げます。その指示に従っていけば、あなたもアルコホリズムから回復できるでしょう。

3. 棚卸表を書くことは、回復のプログラムの一部です。しかし、自分で棚卸表を書くと決まっているわけではありません。これからのセッションであなたのスポンサー役をしてくれる人が棚卸表を書くのを手助けして

くれますし、その人にあなたの棚卸表を書いてもらうのも良いでしょう。

スポンサーあるいはシェアリング・パートナーへ

1. これからおよそ4週間、ニューカマー（新しい人）を手助けしてください。その期間が過ぎたら、あなたも、ニューカマーも、12ステップを通じて他の人を手助けするように期待されています。

2. 来月は、ニューカマーになるべくたくさん電話をかけるか会うようにして、その人を励まし、精神的な支えになるようにしましょう。

3. ニューカマーと一緒にビギナーズ・ミーティングに毎週出席してください。

4. ニューカマーが棚卸表を書く手助けをしてあげてください。もし必要なら、ニューカマーから話を聞いて、あなたがチェックリストに記入してください。ニューカマーは、あなたが手助けしなければ、棚卸しを終えることができません。そのことを忘れないで。

5. あなたが得た神からの導きをニューカマーと分かち合ってください。そうすれば双方向の祈りがあなたの人生に働いている様子をニューカマーに理解してもらえるでしょう。

6. AAプログラムやAAの生き方について、ニューカマーがする質問には、あなたの個人的経験をもとにして答えてあげましょう。

概論とステップ1

　では、必要としている人にスポンサーかシェアリング・パートナーを割り当てる時間です。ニューカマーの人たちは全員立っていただけますか。皆さんが、12ステップに取り組むためにここに来た人たちですね。

　まず、もうスポンサーかシェアリング・パートナーが決まっている人は座ってください。スポンサーもシェアリング・パートナーもいない人、あるいはその人がこのミーティングに来ていない人は、立ったままでいてください。これからのセッションで皆さんを手助けしてくれる人を割り当てます。

　これは**私たち**のプログラムです。私たちは一緒にビギナーズ・ミーティングに出席し、一緒に「ビッグブック」を読み、一緒にステップに取り組み、一緒に回復していきます。

　［ボランティアの人たちに、立っている人の担当を依頼する］

　ありがとう。皆さん、座ってください。全員、スポンサーかシェアリング・パートナーが決まりましたね。これで先に進めます。

　では、ローマ数字のxvii（17）ページから始めます。最初の段落にこうあります。

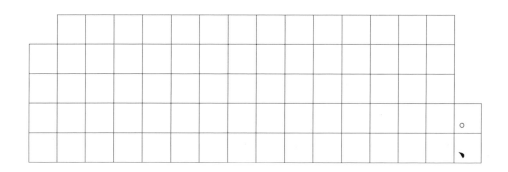

(A.A., p.xvii (17), 1~3行)

　「ビッグブック」を書いた人たちは、まず始めに、アルコホリズムから回復する方法を伝えることがこの本の目的だと書いています。これは画期的な宣言です。なぜなら、「ビッグブック」が書かれるまでは、アルコホーリクには回復の希望がなかったからです。今は、**この人たち**が提供してくれる指示に従おう、という意欲のある人なら誰でも回復できます。

　この希望のメッセージは、27ページの先頭にも書かれています。

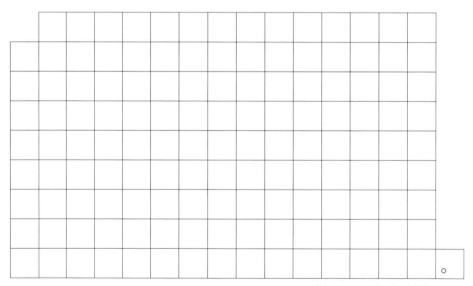

(A.A., p.27, 1~4行)

　38ページの最後の行には、中途半端な解決方法はないことを説明しています。私たちは**「新しい生き方」**(p.180)を見つけるか、それともア

ルコホリズムに負けて死ぬか、どちらかなのです。

(A.A., p.38, 13行~p.39, 4行)

65ページの3行目からは、アルコホーリクの説明と、回復するためには何が必要なのかを述べています。

・・・あなたが本気で

Back to Basics

（A.A., p.65, 3～6行）

いま読んだところを良く理解できるように、終わりの部分をもう一度読みましょう。

だとしたら、あなたは霊的な体験をすることによってしか克服できない病気にかかっていることになる。

これで、アルコホリズムから回復するには何が必要なのか分りました。私たちは、人生を変える、スピリチュアル（霊的）な変化を体験しなければなりません。

皆さんは霊的体験を求めてAAに来たわけではないでしょう。ですが、アルコホリズムは死に至る病気であることを忘れないでください。AAが始まる以前は、ほとんどのアルコホーリクは、飲んで死ぬか、刑務所や精神病院に閉じ込められるか、どちらかしかありませんでした。回復にはこの**「革命的な思い切った提案」**[p.21]が必要だったのです。

65ページの二つ目の段落を読むと、私たちにどんな選択肢があるか分ります。

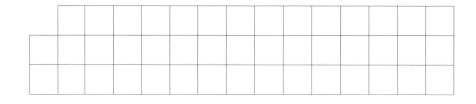

概論とステップ1

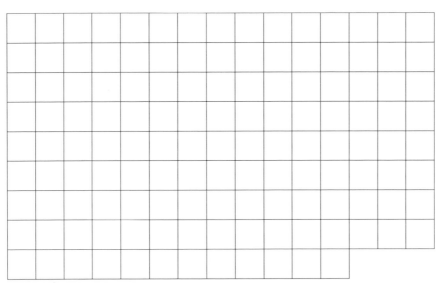

（A.A., p.65, 7~11行）

　回復をもたらせるのはスピリチュアル（霊的）な体験だけです。それは確かなことです。開かれた心を持って、「ビッグブック」に書かれた12のステップに取り組みましょう。

　65ページの最後の行からは、私たちがこれまで何を信じてきたとしても、それは問題にならないことをはっきりさせています。これは私たちにとって希望になります。

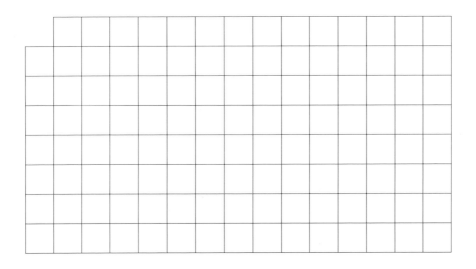

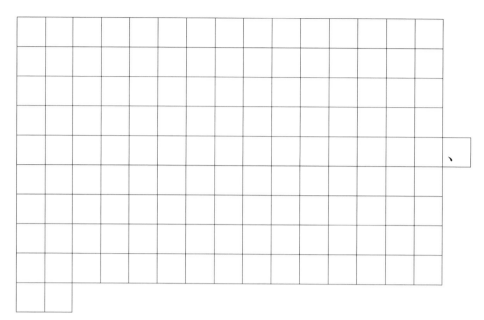

（A.A., p.65, 13行~p.66, 6行）

　新しい人たちは、AAプログラムを始めるために何か特定の信仰を持つ必要はありません。さらに素晴らしいことに、何の信仰も持っていない人でも始めることができます。私たちは、このプログラムには効果が**あると信じています**。私たちが信じている、ということを、皆さんに信じていただくためにも、ぜひ**「意欲と、正直さと、開かれた心」**(p.268/572)を持っていただきたいのです。

　断言します。私たちはこのプログラムには効果があると信じています。12ステップは私たちの人生を変えてくれました。その他のたくさんのアルコホーリクの人生も変えました。だから、もしあなたがアルコホリズムという死の病からの回復を心から望むなら、このプログラムは、皆さんの人生も変えてくれるでしょう。

　このスピリチュアル（霊的）な解決法について、もう少し見ていきましょう。66ページの11行目からです。

概論とステップ1

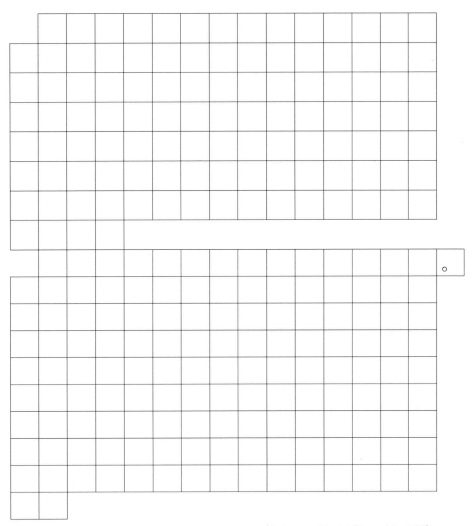

（A.A., p.66, 11行~p.67, 3行）

68ページの二番目の段落では、自分なりの神の概念を作り上げなさい、と述べています。言い換えれば、自分なりに理解した神を見つけなさい、ということです。

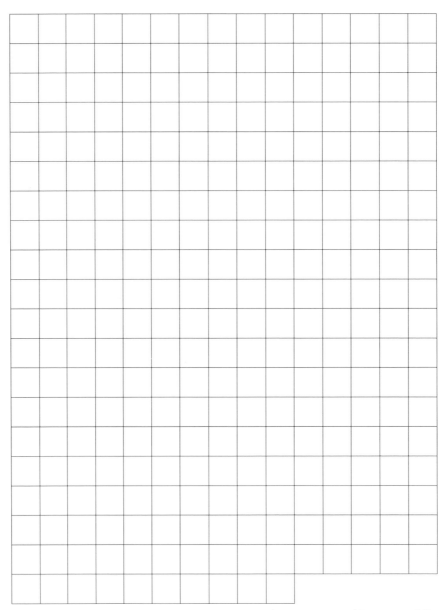

（A.A., p.68, 9行~p.69, 1行）

　「ビッグブック」は、私たちがこれから「**魂（スピリット）の世界**」^(p.68, 75)へと導かれる行動を取るのだ、と言っています。それによって、私たちの人格は、自分で何もかも決めていく生き方から、神に導かれる生き方に変わっていきます。「**私たちの人生に対する態度と展望**」^(p.120)

概論とステップ1

は、「**自分の問題は自分で解決できる**」(p.77)という考えから、「**神の力が働く**」(p.77)という考えに変わります。

　前にも言いましたが、AAは宗教のプログラムではありません。それが「**自分を超えた偉大な力**」(p.66, 68, 80, 85, 267/571)でありさえすれば良いのです。その「力」を何と呼ぼうとその人の自由です。「ビッグブック」は、その「力」にいろいろな名前を付けています。「**創造的知性**」(p.18)、「**宇宙の精神**」(p.18)、「**宇宙の魂**」(p.15, 68, 76, 108)、「**創造主**」(多数)、「**偉大な実在**」(p.81)などです。そしてかなりの回数、その「力」を「神」と呼んでいますが、それは単に、便宜的な理由で、宗教的な目的はないのです。皆さんも、その「力」を自分が信じているように、自分が呼びやすいように呼んでください。

　ですから、アルコホリズムから回復するためには、私たちは「**自分を超えた偉大な力**」を見つけなくてはなりません。その「力」はどこで見つかるのでしょうか？　この疑問には80ページの最後の段落が答えてくれます。

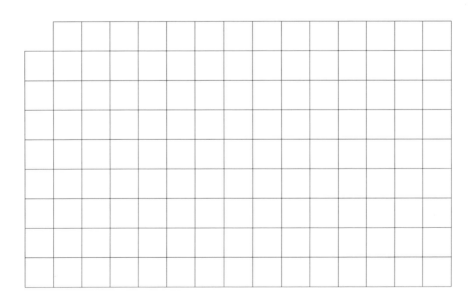

（A.A., p.80, 12行~p.81, 6行）

　これはドラマチックな概念です。革命的な概念だという人もいるでしょう。では簡単にまとめます。「ビッグブック」を書いた人たちは、最初に、私たちにはアルコホリズムのとらわれから自由になる方法があると言っています。次に、その解決とは**「自分を超えた偉大な力」**だと言っています。そして、その力はどこに見つかるか——私たち一人ひとりの内側にあると言っています。

　私たちが飲酒の問題を解決するための「力」が**どこ**に見つかるのか分りました。「ビッグブック」の残りの部分のほとんどは、**どうやって**そ

の「力」を見つけるか、という疑問に割かれています。

　基本的には、私たちは12のステップに取り組むことでその「力」を見つけます。12のステップは85〜86ページに載っています。これから12のステップを読み、それぞれのステップがこの本の中でどのページで扱われているか説明します。

１．私たちはアルコールに対し無力であり、思い通りに生きていけなくなっていたことを認めた。

このステップはローマ数字のxxxi（31）〜xl（40）ページと、1〜64ページにあります。

［ステップ１の指示は45ページの9〜10行にあります］

２．自分を超えた大きな力が、私たちを健康な心に戻してくれると信じるようになった。

このステップの説明は65〜87ページにあります。

［ステップ２の指示は、69ページの11〜12行にあります］

３．私たちの意志と生きかたを、自分なりに理解した神の配慮にゆだねる決心をした。

このステップの説明は87〜92ページにあります。

［ステップ３の指示は、91ページの9〜13行にあります］

４．恐れずに、徹底して、自分自身の棚卸しを行い、それを表に作った。

このステップの説明は、92〜103ページにあります。

［ステップ４の指示は、92ページの14行から93ページの7行

（資産と負債のチェックリスト）；93ページの8行、11〜13行（恨み）；99ページの3〜4行（恐れ）；101ページの1〜4行（危害）にあります］

5．神に対し、自分に対し、そしてもう一人の人に対して、自分の過ちの本質をありのままに認めた。

このステップの説明は、104〜109ページにあります。
［ステップ5の指示は、108ページの1〜3行；7〜8行にあります］

6．こうした性格上の欠点全部を、神に取り除いてもらう準備がすべて整った。

このステップの説明は、109ページにあります。
［ステップ6の指示は、109ページの7〜8行にあります］

7．私たちの短所を取り除いてくださいと、謙虚に神に求めた。

このステップの説明は、109ページにあります。
［ステップ7の指示は、109ページの11〜15行にあります］

8．私たちが傷つけたすべての人の表を作り、その人たち全員に進んで埋め合わせをしようとする気持ちになった。

このステップの説明は、110ページにあります。
［ステップ8の指示は、110ページの2〜3行にあります］

9．その人たちやほかの人を傷つけない限り、機会あるたびに、その人たちに直接埋め合わせをした。

このステップの説明は、110〜121ページにあります。

概論とステップ1

　　　［ステップ9の指示は、110ページの4～6行にあります］

10. 自分自身の棚卸しを続け、間違ったときは直ちにそれを認めた。

　このステップの説明は、121～123ページにあります。
　［ステップ10の指示は、121ページの8行から122ページの1行にあります］

11. 祈りと黙想を通して、<u>自分なりに理解した</u>神との意識的な触れ合いを深め、神の意志を知ることと、それを実践する力だけを求めた。

　このステップの説明は、123～127ページにあります。
　［ステップ11の指示は、123ページの15行から124ページの7行（**眠りにつく前**）；124ページの8～11行（**目が覚めた時**）；126ページの5～11行（**一日の中で**）にあります］

12. これらのステップを経た結果、私たちは霊的に目覚め、このメッセージをアルコホーリクに伝え、そして私たちのすべてのことにこの原理を実行しようと努力した。

　このステップの説明は、128～150ページと、266～268ページにあります（ハードカバー版は570～572ページ）。
　［ステップ12の指示は、128ページの3～4行にあります］
　（命を救うAAの回復のメッセージを他の人に伝える方法は、128～150ページの全体に書かれています）。

では、ステップ1から始めましょう。

Back to Basics

ステップ1　私たちはアルコールに対し無力であり、思い通りに生きていけなくなっていたことを認めた。

　アルコホリズムから回復するためには降伏することが絶対必要です。この降伏のプロセスの前半は、私たちが問題を抱えていると認める部分ですが、「ビッグブック」を書いた人たちは、そのためにページ数にして74ページを割いています。

　最初に、アルコホリズムの身体的な症状と精神的な症状について述べています。その次に、私たちが、自分がアルコホーリクであることを認めるかどうか尋ねてきます。私たちがそれを認めるためには、まずアルコホーリクとは何かを知らなくてはなりません。

　「ビッグブック」の「医師の意見」の大部分は、ニューヨークのタウンズ病院の医師だったウィリアム・D・シルクワース博士からの手紙で占められています。1930年代の後半にはアルコホリズムについてはほとんど何も解明されていませんでした。けれどシルクワース医師が当時書いたものは現在でも十分通用します。

　シルクワース医師はローマ数字のxxxi（31）ページで、アルコホーリクス・アノニマスの創始者の一人ビル・Wがどのようにアルコホリズムから回復したか述べています。かつてビルはウォールストリートで評判の良い証券アナリストでしたが、飲酒のために何もかも失っていました。

概論とステップ1

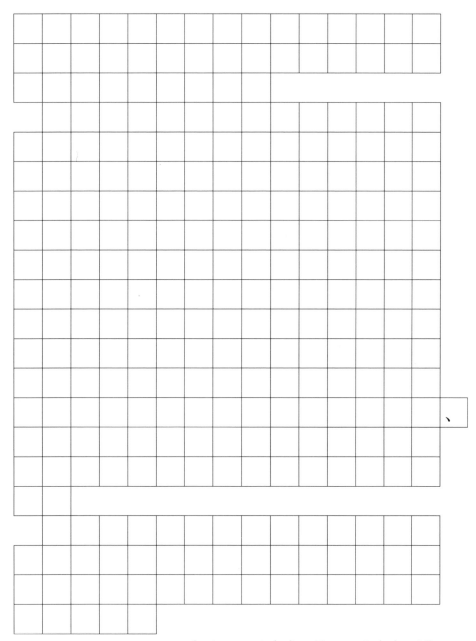

（A.A., p.xxxi（31），7行~p.xxxii（32），3行）

　1934年までの数年間、シルクワース医師はタウンズ病院でアルコホーリクの治療にあたっていましたが、成功例はほんのわずかでした。ビルは、4回目の入院をする前に、アルコホリズムのスピリチュアル（霊

Back to Basics

的）な解決を見つけました。それがAAプログラムを作る元になりました。

　ビルがタウンズ病院で言ったことの一つは、他のアルコホーリクに働きかけることでビル自身が飲まずにいられるということです。またビルは病院で、アルコホリズムが身体と精神の病気であり、それを克服するには霊的体験をするしかないことも学びました。

　xxxii（32)ページの10行目からには、シルクワース医師がアルコホリズムの身体的症状を十分承知していたことが裏付けられます。

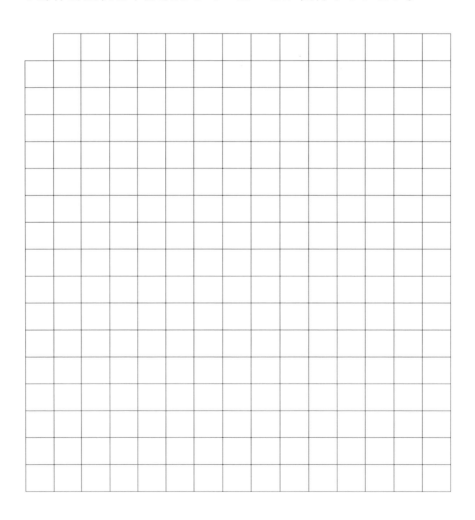

概論とステップ1

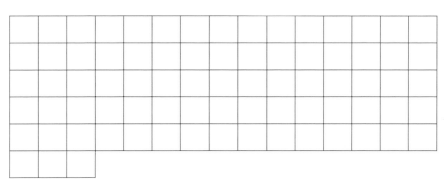

(A.A., p.xxxii (32), 10行~p.xxxiii (33), 3行)

　このアルコールに対する身体の異常な反応について見てみましょう。アルコールは人体に有害です。ですから、1杯か2杯飲んだらそれ以上は飲まないのが正常な反応です。なのに、アルコホーリクの反応はまったく違います。私たちにとって1杯、2杯はまだ始まりにすぎません。

　ローマ数字のxxxviii (38)ページの5行目から。シルクワース医師は、この異常な反応が起こるために、私たちは酒をやめるしかない、と言っています。

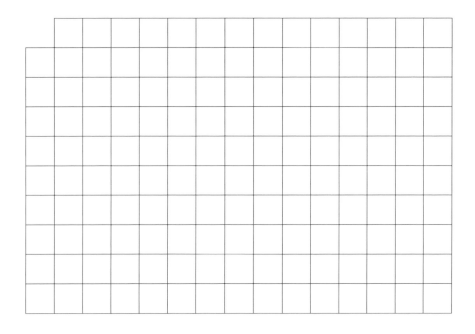

59

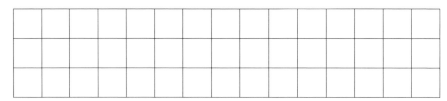

(A.A., p.xxxviii (38), 5~9行)

　アルコホーリクは普通の酒飲みには戻れないのです。

　もしアルコホリズムが**身体**の病気だけだったら、まったく飲まなければ良いだけです。けれど、シルクワース医師はアルコホリズムには**精神**的な要素もあることを見つけました。私たちには身体の異常な反応があるだけでなく、精神の強迫観念もあります。アルコホーリクはほとんど死ぬ寸前になっていても、精神が「飲んでも大丈夫」とささやくのです。どんなに飲まずにいようと思っていても、遅かれ早かれ私たちはまた飲酒に戻ってしまいます。

　シルクワース医師はローマ数字のp.xxxvi（36)ページの先頭から、この精神の強迫観念を説明しています。シルクワース博士が**アルコホーリク**について言っていることを忘れないで下さい。

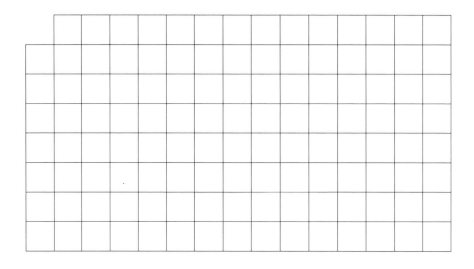

(A.A., p.xxxvi (36), 1~5行)

「ビッグブック」の（第三章の）45ページの3行目からには、この精神の強迫観念のおかげで私たちの仲間の多くが死んでいったことが書かれています。

・・・だから私たちが、

(A.A., p.45, 3~7行)

51ページの真ん中の段落にも、精神の強迫観念のことが書かれてい

ます。どんなに強い意志を持っても、堅く決意しても、自分の力では酒をやめられません（訳注：再飲酒を防げません）。

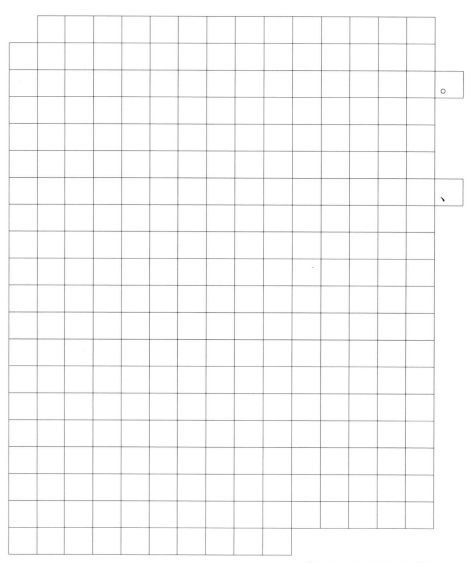

(A.A., p.51, 5~12行)

　私たちの精神が「飲んでも大丈夫」だと私たちを騙さなければ、私たちは「もっともっとアルコールが欲しい」という渇望の引き金を引くことはありません。私たちには、身体の異常な反応と、精神の強迫観念の

概論とステップ 1

両方があるおかげで、酒で死んでいく運命が待っているのです。シルクワース医師は、ローマ数字のxxxvi（36）ページで、私たちに残された希望は、人生を変える霊的体験しかないと述べています。そのページの5行目からです。

> ・・・そこで、多くの　　　　　　　　　　　、

(A.A., p.xxxvi（36）, 5~8行)

このように、アルコホリズムを専門分野にする医師が、医学は私たちを救えないとはっきり述べています。私たちにとって唯一の希望はスピリチュアル（霊的）な目覚めしかありません。

「ビッグブック」の次の章は、ニューヨークにいたAAの共同創始者、ビル・Wがどうやってアルコホリズムを克服したかを扱っています。ビルはどん底まで落ちぶれたアルコホーリクでしたから、皆さんの中には、自分とビルを重ね合わせることが難しいと感じる人もいるでしょう。でも、この本の別のところに書いてありますが、違いではなく同じところ

Back to Basics

を探しましょう。ビルはアルコールが問題になってからも長く飲み続けましたから、あなたと同じところが見つかるはずです。

　ビルの物語の最初の11ページで、ビルは彼の飲酒が悪化していく様子を書いています。1920年代にはビルはウォールストリートで成功した証券アナリストでした。けれど彼は、それから数年で何もかも失ってしまいました。彼は失業中の、絶望的なアルコホーリクとなりました。

　12ページの3行目には、ビルが真実を知った瞬間があります。彼はアルコールに対して無力であることを悟りました。彼は打ち負かされたのです。

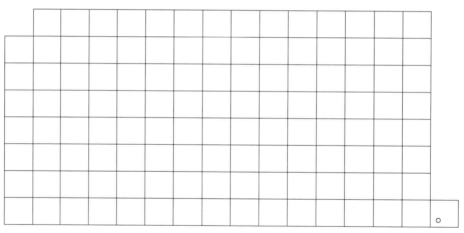

(A.A., p.12, 3~5行)

　しかしビルは「認めた」だけでは酒をやめられませんでした。1934年11月の終わりに、高校時代の友人エビー・Tがビルに会いにやってきました。ビルは飲んだくれていましたが、エビーはもう何ヶ月も飲んでいませんでした。ビルが「どうやって酒をやめたんだ？」と尋ねると、エビーは**「信仰を持ったんだ」**(p.14)と答えました。ビルはぎょっとしましたが、話の続きを聞きました。ビルは**「ぼくのジンのほうが彼の説教**

より長持ちしそうだ」(p.14)と考えたからです。

けれどエビーは説教に雄弁をふるうことはしませんでした。そのかわりに、エビーは彼が会った人たちについて説明しました。そのグループの人たちは、アルコホリズムも含めて、この世界のたくさんの問題に対してスピリチュアル（霊的）な解決を見つけたのです。その人たちは、エビーに「四つのスピリチュアル（霊的）な行い」に取り組めば「**アルコホリズムという病気**」(p.27, 155)から回復できることを教えました。この行いの内容が、後にAAプログラムの元になります。

1. 降伏 ── AAのステップ1・2・3。
2. 分かち合い ── AAのステップ4・5・6・7。
3. 償い ── AAのステップ8・9。
4. 導き ── AAのステップ10・11・12。

エビーの訪問を受けたすぐ後で、ビルはタウンズ病院に入院しました。そこで、シルクワース医師の4回目の治療を受け、アルコールの解毒を行いました。入院中に、ビルはこの「四つのスピリチュアル（霊的）行い」に取り組みました。

19ページの最後の段落で、ビルは完全に**降伏**しています。

Back to Basics

(A.A., p.19, 11~13行)

　彼は降伏すると、すぐその次に自分の短所をエビーと**分かち合い**ました。19ページの最後の2行からです。

			・	・	・	厳	し	い	態	度	で			
							・	・	・					

(A.A., p.19, 14~15行, p.20, 1~2行)

　ビルとエビーは一緒に、人間より偉大な「力」とビルとの関係を阻んでいる障害物を見つけていきました。そうすれば、その「力」がビルの飲酒の問題を解決してくれるからです。20ページの2行目からで、ビルはその障害物を取り除くために**償い**をするやり方を学んでいます。

			・	・	・	ぼ	く	た	ち	は				

概論とステップ1

　　　　　　　　　　　　　　　　　　　　　　　（A.A., p.20, 2~5行）

　20ページの6行目から、ビルは静かに座り、自分なりに理解した神の意志に耳を傾け、**導き**に従っています。これは、「**どんな力でも持っている存在**」(p.85)と双方向の関係を築くためには欠かせない行いです。

　　　　　　　　　　　　　　　　　　　　　　　（A.A., p.20, 6~8行）

　22ページの真ん中の段落で、他の人と一緒に取り組むことが必要だと、エビーが説明しています。

　　　　　　・・・友人がぼくに

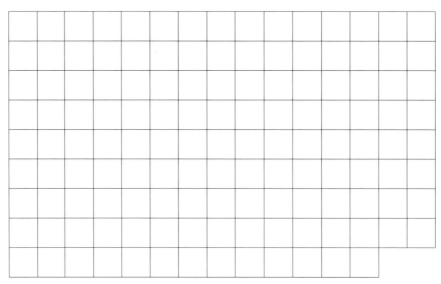

(A.A., p.22, 5~12行)

　エビーを案内人として、ビルはステップに取り組み、そして突然のスピリチュアル（霊的）な体験をします。それは、シルクワース医師が手紙の中で「**心理現象のような霊的変化**」(p.xxxvi (36)) と呼んだものです。

　21ページの3行目からには、ビルのスピリチュアル（霊的）な体験が書かれています。

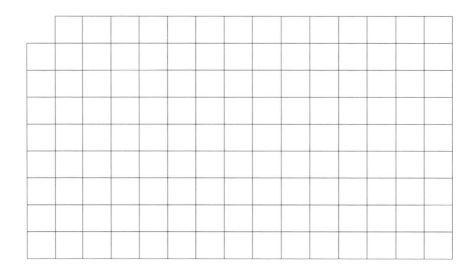

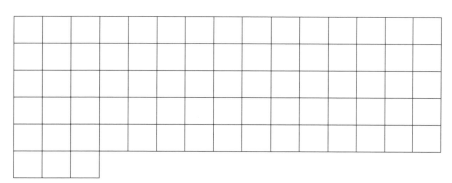

(A.A., p.21, 3~8行)

　ビルは「**宇宙の魂**」^(p.15, 68, 76, 108)と直接触れ合い、アルコホリズムから回復します。彼はその後一生、酒を飲みませんでした。

　「ビッグブック」の中で（訳注：ステップ1を説明してくれる）ここまでの74ページの内容には、さらにアルコホリズムの身体と精神の症状について、また飲酒のせいで私たちが思い通りに生きていけなくなっていたことの説明があります。これまで見てきたのは、その中でもとりわけ重要な部分でした。でも、先に進むには、とりあえずこれで十分でしょう。

　では、人生を変えるスピリチュアル（霊的）な目覚めを目指す旅を始めましょう。皆さん、ステップ1に進む準備はできていますか。

ステップ1　私たちはアルコールに対し無力であり、思い通りに生きていけなくなっていたことを認めた。

　「ビッグブック」にはステップ1を行うために何をしなければならないか、正確に書いてあります。45ページの2番目の段落です。

Back to Basics

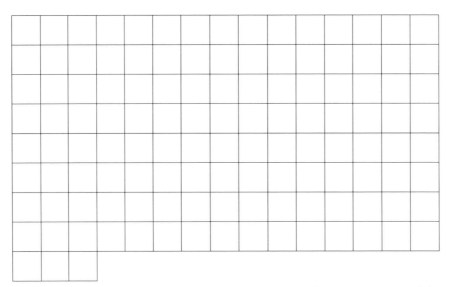

(A.A., p.45, 8~10行)

　自分はアルコホーリクではない、という妄想を打ち砕くために、私は皆さんに一つ単純な質問をします。「自分がアルコホーリクであり、アルコールに対して無力であることを、心の底から認めますか？」　別の言い方をすれば、「自分はアルコホーリクなのか」。答えは「はい」か「いいえ」のどちらかですね。

　もし、まだステップ１へ進めない、ためらっている人がいたら、遠慮なく私たちに伝えて下さい。あなたのスポンサーあるいはシェアリング・パートナーが、あなたの迷いについて、今週時間を割いてあなたと話をしてくれるでしょう。私たちは、この難しい病気がもたらす破壊的な結末について、皆さんに理解していただきたい、と願っています。

　なかには、自分はアルコホーリクではないと信じている人もいるかもしれません。自分がここに来たのは何かの間違いだと考えている人もいるかもしれません。お伝えしたいのは、誰かが間違ってAAに来てしまうことはない、ということです。むしろ、誰かが間違ってAAの外にいるとか、その間違いのおかげで酒を飲んで死んでしまうことはあり得ま

す。そのことを考えてみて下さい。

では、ステップ１に取り組む準備ができた人は立って下さい。これが、ステップ１の質問です。

「あなたは、自分がアルコホーリクであることを、心の底から認めますか？」

では、一人ずつ、「はい」か「いいえ」で答えて下さい。答えたら、座って下さい。

［ニューカマー（新しい人）一人ひとりがこの質問に答える］

ありがとうございます。「ビッグブック」によれば、この質問に「はい」と答えた人はステップ１を終えたことになります。

今夜はこれで十分でしょう。これまで１時間を使って、「ビッグブック」の中の74ページを扱い、ステップ１を終えました。これは素晴らしい成果です。おめでとうございます。

来週は、ステップ２・３・４を行います。ミーティングの中でステップ２と３まで進めます。そしてステップ４を行うやり方をお伝えします。皆さんは、ステップ４の棚卸表を、次とその次のセッションの間で、もう一人の人（たち）と分かち合って下さい。

では質問はありますか？

Back to Basics

第3章

セッション#2 ステップ2・3・4

　さて始まった頃のAAを再現する旅を始めましょう。1940年代半ばのAAで行われていた1時間のセッション4回によるビギナーズ・ミーティングの今回は2回目です。このセッションでは、前回の「降伏する」というプロセスを仕上げます。その次に、私たちが理解する神と親密な、双方向の関係を築く邪魔をしている私たちの短所を見つけ出す方法を学びます。

* *

　ようこそ、AAのビギナーズ・ミーティングの2回目のセッションへ。AAを始めた人たちの経験に従い、AAの「ビッグブック」に書かれたやり方で、一緒に12ステップに取り組んでいきましょう。

　AAメンバーの＿＿＿＿＿＿＿です。AAメンバーの＿＿＿＿＿＿＿です。このセッションのリーダーを任されたことに感謝します。これも他の人を手助けする方法の一つです。また同時にこの**「霊的な共同体」**(p.240)の中で成長する手段でもあります。

　私たちの目標はアルコホリズムという**「絶望的に思えた精神と肉体の状態」**(p.xvii (17))から回復することです。回復は可能です。AAの月刊誌『**AAグレープバイン**』の1946年8月号には「75%が回復したことを示すAAミネアポリスでの記録」という記事が載っています。この記事はビギナーズ・ミーティングの大切さを伝えています。当時ミネアポリスでは、3ヶ月間プログラムにつながっていた人たちのほぼ半分がアルコ

ホリズムから回復しました。そして、6ヶ月間参加を続けていた人の4分の3はその後二度と酒を飲まなかったそうです。

その他の地域でもビギナーズ・ミーティングは回復のプロセスに不可欠なものでした。私たちも同じような結果を得ています。私たちはビギナーズ・ミーティングに参加して12ステップに取り組み、ステップを通じてニューカマー（新しい人）を手助けし、できるなら、セッションのリーダーを務めます。あなたも、十分長い間ビギナーズ・ミーティングに参加し続ければ、奇跡を**体験する**でしょう。それはつまり、あなたもアルコホリズムから**回復する**ということです。

このセッションでは、ステップ2と3に取り組みます。そして、ステップ4のやり方をお伝えします。新しい人たちは、次のセッションまでの一週間で棚卸表をもう一人の人（たち）と分かち合うことになります。

経験の長い人たちに言わせると、「ビッグブック」を理解する唯一の方法は、その中身を誰か他の人に説明することです。これは本当です。私たち二人も、ビギナーズ・ミーティングのリーダーをやってみるまで、この回復の教科書からまだまだたくさん学べるとは思っていませんでした。

ですから、私たちは皆さんと一緒に12ステップに取り組むことで「**よりよく理解し、より一層役に立つ人間に成長する**」(p.121)というチャンスを与えてもらっています。そのことに感謝します。ビギナーズ・ミーティングを続けてきて分ったことがあります。それは、私たちが12ステップに取り組むと、そのたびに私たちは「**どんな力でも持っている存在**」(p.85)に向かって近づいていけるのです。

始める前に、確かめておきたいことがあります。新しい人たちは、こ

のミーティングでステップの手助けをしてくれる相手がいますか？　効果を得るためには、今後のセッションでニューカマー（新しい人）の相手をしてくれるスポンサーかシェアリング・パートナーが必要です。

　新しい人で、スポンサーかシェアリング・パートナーがいない人はいらっしゃいますか？　いらしたら、立っていただけますか。［ボランティアの人に立っている人たちの手助けを依頼する］　ありがとうございます。座ってください。

　(オプション：今夜ここにいらした皆さんの中に、先週のセッションでステップ１に取り組めず、今ここで取り組みたいという人はいますか？　もしいらしたら、立っていただけますか？　［ステップ１の質問をします：**あなたは、自分がアルコホーリクであることを、心の底から認めますか？**　「はい」か「いいえ」で答えてください。答えたら座ってください］　ありがとうございます。ビッグブックによれば、この質問に「はい」と答えた人はステップ１をすませたことになります**)**

　前回のセッションで説明したように、AAの「ビッグブック」には、どうやってアルコホリズムから回復するのか、ステップごとの指示が書かれています。それに従って私たちは**「自分を超えた偉大な力」**(p.66, 68, 80, 85, 267/571)を見つけ、それを頼っていきます。その力が私たちの強迫観念を取り除いて、**「新しい自由、新しい幸福」**(p.120)へと導いてくれます。

　まず、私たちが学んできたことを、簡単に振り返ってみましょう。「ビッグブック」の93ページの真ん中からの段落では、回復のプロセスが上手に要約されています。段落の２行目の下からです。

| ・ | ・ | ・ | ・ | 私 | た | ち | は | 精 | 神 | 的 | 、 | | |

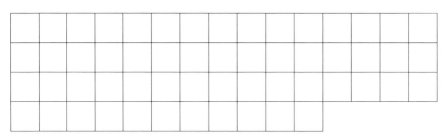

(A.A., p.93, 9〜11行)

　これが私たちの目標——スピリチュアル（霊的）な病を克服することです。霊的な病が、私たちを自分なりに理解した神から隔て、アルコホリズムという生き地獄を私たちに味わわせてきたのですから。

　では、スピリチュアル（霊的）な病を克服するにはどうすればよいのでしょう？　ビッグブックは、私たちはスピリチュアル（霊的）な目覚めを経験する必要があると言っています。それはシルクワース医師が**「霊的な変化」**^{(p. xxxvi (36))}と呼んだものです。シルクワース医師はローマ数字のxxxvi（36）ページで、スピリチュアル（霊的）な変化がアルコホーリクにもたらす効果を説明しています。9行目からです。

ステップ2・3・4

(A.A., p.xxxvi (36), 9~12行)

　簡単なルールとは何でしょうか？　それは**「神を信頼し、自分の大掃除をし」**(p.142)そして**「他の人を助ける」**(p.128, 193)ことです。この指針に従っていけば、私たちは究極の報酬を手に入れます。それはスピリチュアル（霊的）な目覚めです。

　先週、私たちは、このスピリチュアル（霊的）な目覚めを目指す旅をステップ1から始めました。私たちは、自分がアルコールに対して無力であること、つまりアルコホーリクであることを心の底から認めました。

　先週のビギナーズ・ミーティングでステップ1を済ませた人、あるいはその後でスポンサーやシェアリング・パートナーとステップ1を済ませた人は、どうぞ立って下さい。（**オプション：**　*さらに、先ほど私たちと一緒にステップ1を終えた人も立って下さい*）

　おめでとうございます。どうぞ、座って下さい。自分が問題を抱えていると認めるのは素晴らしいことです。「ビッグブック」によれば、「**これが回復の第一ステップ**」(p.45)です。これを認めることは大きな成果です。なぜなら、ほとんどのアルコホーリクは進行性で死に至る病気に罹っていることを完全に否認するからです。

　これで次へ進めます。

ステップ2　自分を超えた大きな力が、私たちを健康な心に戻してくれると信じるようになった。

Back to Basics

　私たちは自分がアルコホーリクだと認めました。回復するためには、他に何をすればいいのでしょうか。66ページの7行目にはこうあります。

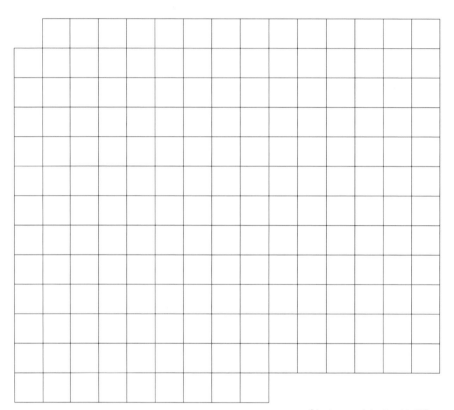

（A.A., p.66, 7~11行）

　では、必要な力をどうやって見つけたら良いのでしょうか。その答えは「ビッグブック」の付録Ⅱにあります。267ページ（ハードカバー版は571ページ）の12行目からです。

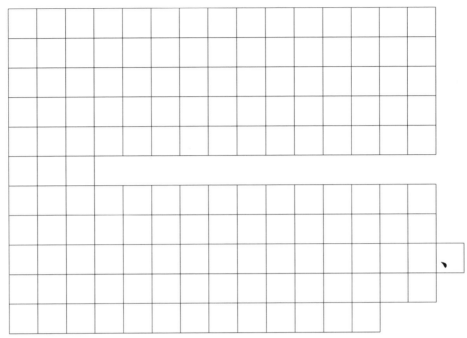

(A.A., p.267/571, 12行〜p.268/572, 2行)

　私たちの傲慢さや視野の狭さが、私たちを「**霊的な光**」(p.96)からさえぎって、暗闇に閉じ込めてしまう、と「ビッグブック」は言っています。

　AAの共同創始者であるビル・Wは、アルコホリズムのスピリチュアル（霊的）な解決法を受け入れるのにとても苦労しました。彼の物語には、彼がどのように「**信じるようになった**」(p.85)かが書かれています。

　1934年11月の終わり、ニューヨークのブルックリンにあるビルの自宅を、エビー・Tが訪ねました。ビルはその時初めて「**自分なりに理解した神**」(p.69, 85, 87, 240)の概念を知りました。

　先週もお伝えしましたが、エビーはビルの高校時代の友人で、かつては飲み友だちでした。エビーはすでに何ヶ月か酒をやめていました。彼は、「降伏」、「分かち合い」、「償い」、「導きを得る」という「四つのス

ピリチュアル（霊的）な行い」を実践した結果、人生が大きく変わったと言いました。

ビルはエビーが神についてしゃべり出したことにショックを受けました。それでも、ビルはエビーの話を聞きました。なぜなら、エビーの人生が大きく変わったことが分ったからです。というのも、この何年かの間にエビーが酒をやめたのはこれが初めてだったからです。

18ページの3行目からストーリーを追ってみましょう。

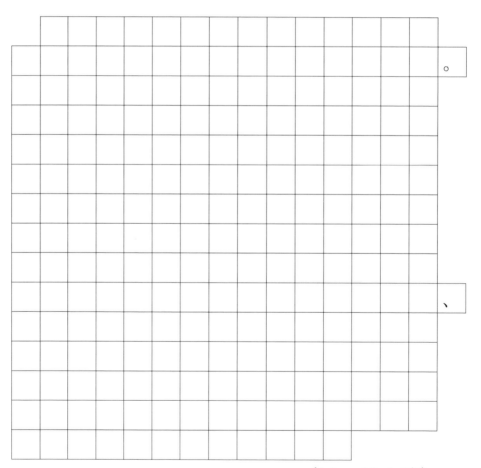

(A.A., p.18, 4~9行)

ステップ2・3・4

その次に、エビーは革命的な提案をしています。

。

（A.A., p.18, 10行～p.19, 1行）

では、「ビッグブック」は**「自分を超えた偉大な力」**をどう説明しているでしょうか。68ページでは、私たちがスピリチュアル（霊的）な原理を軽蔑するのをやめて、その「力」について自分なりの概念を持つように勧めています。そうすれば、アルコールの問題に対してAAが提供する解決をもっとよく理解できるようになるからです。68ページの6行目からです。

・・・私たちが自分を

（A.A., p.68, 6~8行）

　ビッグブックは神を定義することは不可能だとはっきりと述べています。私たちは、その「力」を知性で理解しようとするのをやめ、その「力」を心で受け入れるようにしなければなりません。69ページの2行目から、「**自分なりに理解した神**」の概念を説明しています。

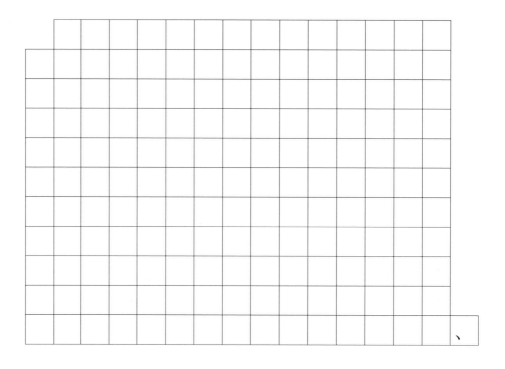

ステップ2・3・4

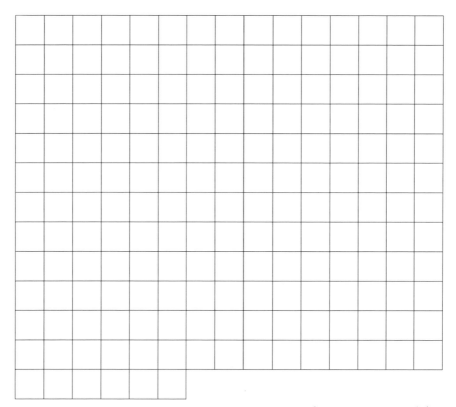

(A.A., p.69, 2~10行)

　時には、私たちは人生の不幸の崖っぷちに立つまで、死が目の前に迫ってくるまで、「**神の存在**」(p.74, 82)を受け入れる意欲を持てないことがあります。でもどんなに頑固な人にもチャンスがあります。「ビッグブック」70ページの11行目から、私たちのほとんどは説得可能だと書いてあります。

｜　｜　｜・｜・｜・｜ア｜ル｜コ｜ー｜ル｜地｜獄｜の｜　｜　｜

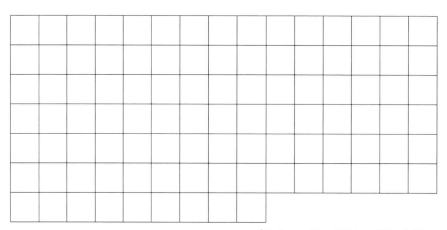

(A.A., p.70, 11行~p.71, 2行)

76ページの終わりで、さらに神の実在について説明しています。

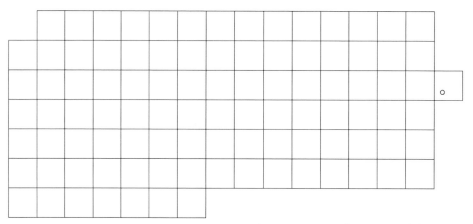

(A.A., p.76, 14行~p.77, 1行)

またここでも、私たちは決断しなければなりません。私たちは、人間の力を超えた「力」——**「宇宙の持つ霊的な力」**(p.15, 68, 76, 108)——自分なりに理解した「神」を、信じるのか、信じないのか、選ばなくてはなりません。78ページの2行目から、こう書いてあります。

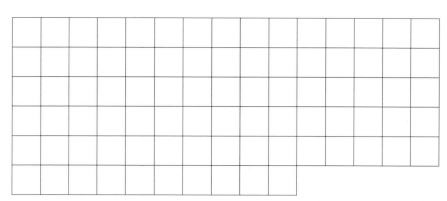

（A.A., p.78, 2~4行）

　さあ、選ぶ時が来ました。私たちは**「自分を超えた偉大な力」**が存在すると認めるつもりがあるでしょうか。もし、そのつもりがあるなら、ステップ2へ進む準備ができました。

　69ページの最後の段落に、ステップ2の指示があります。

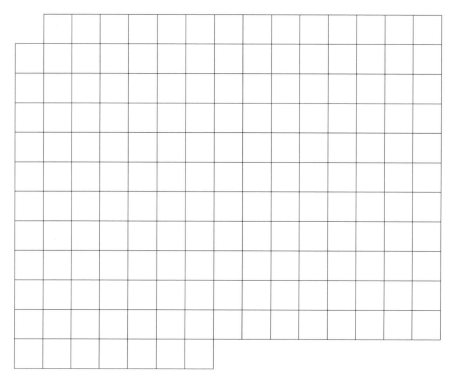

（A.A., p.69, 11~15行）

Back to Basics

　さあ、皆さん先へ進む準備ができていますか？　ステップ１を終えた人たちは、どうぞ立って下さい。これがステップ２の質問です。

「あなたはいま自分より偉大な力があることを信じていますか。あるいは信じてみようという気はありますか？」

　どうぞ、一人ずつ「はい」か「いいえ」で答えて下さい。答えたら座ってください。

　　　［ニューカマーが一人ずつ質問に答えていく］

　ありがとうございます。「ビッグブック」によれば、この質問に「はい」と答えた人は、ステップ２を終えたことになります。

　では、ステップ３に進みましょう。

ステップ３　私たちの意志と生きかたを、<u>自分なりに理解した</u>神の配慮にゆだねる決心をした。

　ステップ３は87ページの真ん中から始まっています。こう始まっています。

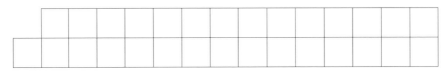

(A.A., p.87, 9行)

86

ステップ2・3・4

　どんな考えを踏まえてでしょう？　ステップ2で、私たちは「**自分を超えた偉大な力**」が私たちを健康な心に戻してくれると信じました。ですが、私たちが「**神の力**」(多数)が答えだと信じたとしても、必ずしもその解決を受け入れる気になっているとは限りません。アルコホリズムから回復するには、私たちの人生にその「力」が働きかけてくれるように決心しなければなりません。

　「ビッグブック」の90~92ページには、神に従って生きるにはどうすれば良いかが書かれています。ですがその前に、自分の意志で生きていくと、私たちが「**内的な資源**」(p.267/571)から隔てられてしまう様子が説明してあります。87ページの最後の段落では、自分の意志によって生きている私たちを、劇のすべてをコントロールしようとする役者に例えています。

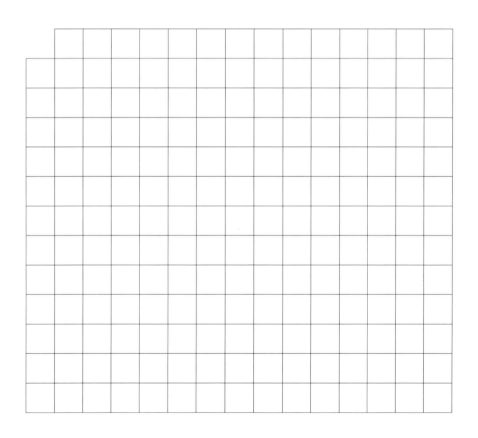

Back to Basics

|　|　|　|　|　|

（A.A., p.87, 11行～p.88, 1行）

　これはよく聞く話ではありませんか？　これまでも時々、自分の周りの人たちを「私のやり方でやったほうがうまくいく」と説得しようとしたことはありませんか？　他の人をコントロールしようとするのは、自己中心性の現れ方の一つです。

　89ページの最後の段落では、私たちが自分本位で利己主義だからトラブルが起きる、と言っています。私たちは、自分の自己中心性に責任がありますから、こうした短所を神に取り除いてもらうようお願いしなくてはなりません。

ステップ2・3・4

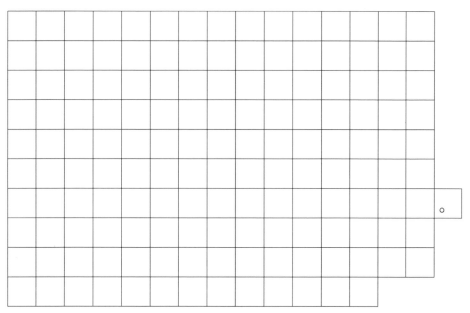

（A.A., p.89, 11行~p.90, 5行）

91ページの真ん中の段落には、この自己中心性が取り除かれたら、何が起こるのかはっきり書かれています。

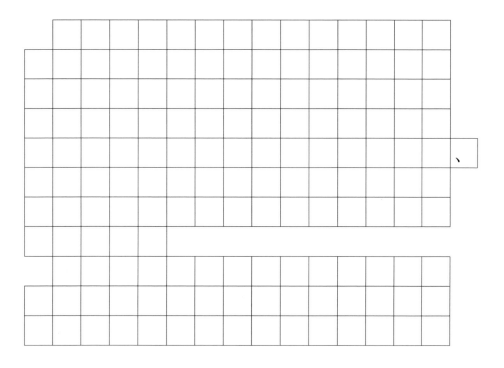

Back to Basics

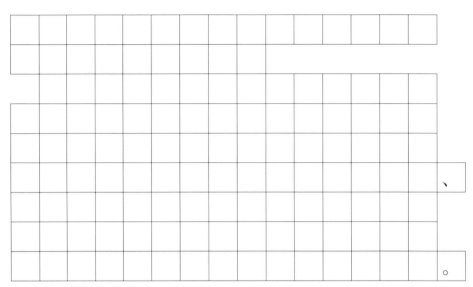

（A.A., p.90, 9行~p.91, 2行）

　神の宇宙の中で私たちのいるべき場所が分りました。以前に私たちが思っていたのと反対で、世界は自分を中心に回らないのです。

　「**自分を超えた偉大な力**」が存在するという気づきこそが、神意識の本質です。私たちが「**霊的なこと**」(p.75, 旧訳:「霊の世界」)を意識するにつれて、私たちの人生も変わっていきます。91ページの2行目から、この気づきについて書かれています。

```
・・・その足場に
```

ステップ2・3・4

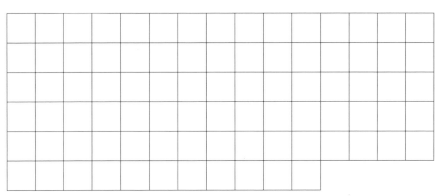

（A.A., p.91, 2~7行目）

　私たちはアルコールの地獄を体験し、そこから救い出されました。ひどい体験でした。私たちが「**神がここにいる**」(p.74, 82)という意識を保っている限り、あの「**恐ろしい過去**」(p.192)に戻ることは決してありません。

　決心の時がやってきました。「ビッグブック」は、私たちがステップ3に取り組む準備ができたと言っています。92ページの1行目には、指示が書かれています。

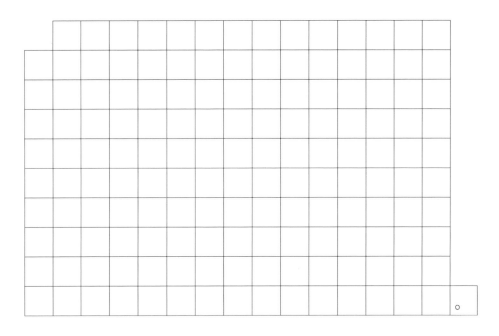

Back to Basics

（A.A., p.92, 1~6行）

　「ビッグブック」が書かれてから時間が経ち、AAの共同体は大きくなりました。おかげでニューカマーが一緒にやる人を見つけられずに一人でステップ３に取り組む、ということはほとんどなくなりました。私たちは、この重要なステップに、いまこの場で一緒に取り組みましょう。

　どのように祈るのかは、自分の考えでよい、と書かれていますが、ビッグブックを書いた人たちは、私たちが使えるようにステップ３の祈りを用意してくれました。91ページの真ん中からの段落、その２行目から、ステップ３の祈りがあります。

ステップ2・3・4

(A.A., p.91, 9〜13行)

では、ステップ3をする準備ができた人は、一緒にこの祈りを唱えましょう。

一緒にステップ3の祈りを唱えましょう。

［もう一度、ステップ3の祈りを読む］

素晴らしい！ 「ビッグブック」によれば、これで私たちはステップ3を済ませました。

ここまで初めの3つのステップにかなり長い時間を費やしてきましたが、私たちはただ決心をしただけです。私たちが「**アルコホリズムからの回復をもたらすに十分なほどの人格の変化**」(p.266/570)を得るためには、さらに何かをしなくてはなりません。

ステップ4　恐れずに、徹底して、自分自身の棚卸しを行い、それを表に作った。

「ビッグブック」92ページの二番目の段落では、私たちが決心から先へ進むには何をしなければならないか説明しています。

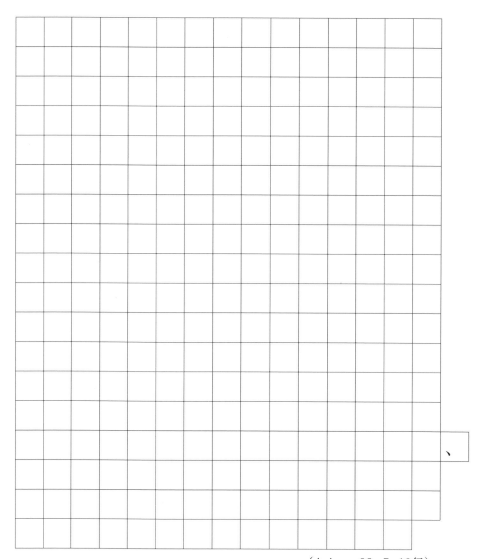

(A.A., p.92, 7~13行)

　ここに「**すぐに続いて**」(p.92)と書かれているところに注目しましょう。ステップ3の祈りを終えたら、すぐさまステップ4に取りかかるようにと指示を与えています。私たちの問題のスピリチュアル（霊的）な解決を手に入れる邪魔をしているものを取り除いていくのです。

　私たちはこれから、私たちを孤独と絶望の深みに押し込めることになった、自我の影響を取り除こうとしています。それは、自分なりに理解

した神とダイレクトにコミュニケーションできるようになるためです。「ビッグブック」は、私たちにとって酒を飲むことは問題の一つの症候にすぎなかった、とはっきり言っています。確かに、アルコールは私たちを神と切り離しました。けれど私たちには短所があり、そのせいで、私たちが酒をやめても、相変わらず**「どんな力でも持っている存在」**(p.85)である神から切り離されたまま生きているのです。だから棚卸しをすることで**「原因と、そのためにいまどうなっているか」**(p.92)を見ていかないといけません。

「ビッグブック」では、まず個人の棚卸しを商売の棚卸しになぞらえています。92ページの最後の段落です。

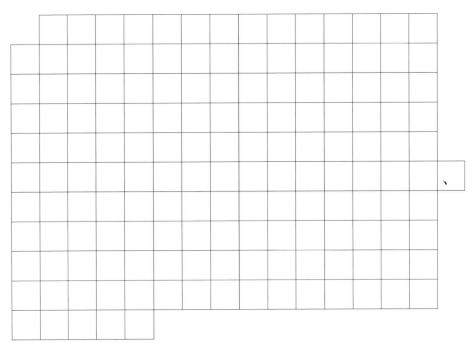

(A.A., p.92, 14行~p.93, 2行)

それで、私たちは商売の棚卸しと同じことを、自分の生き方について行っていきます。それはつまり、これから私たちは自分の資産と負債を

Back to Basics

見るということです。商売の棚卸しと同じですからね。それは私たちの生き方のなかで、何が役に立っていて、何が役に立っていないか、調査することです。そうすれば役に立つものを増やし、役に立たないものを捨てることができます。

93ページの4行目から、ステップ4の棚卸しをするには何をしなければならないか、はっきりと説明されています。

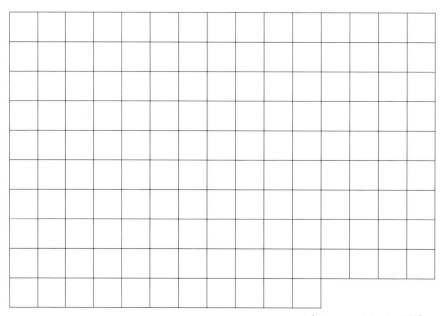

(A.A., p.93, 4~7行)

ステップ4のやり方の詳しい説明に入る前に、いくつかはっきりお伝えしておきたいことがあります。まず最初に、ステップ4の表には、正しい表も、間違った表もありません。現在では、資産と負債のチェックリストがいろいろありますが、皆さんはそのどれを使ってもかまいません。

次に、94~95ページには三列の棚卸表があります。でもその前の

ステップ 2・3・4

92~93ページで、「**商売の棚卸し**」(p.92)で資産と負債をチェックするやり方を説明しています。これが手前にあるわけですから、おそらく「ビッグブック」を書いた人たちは、その後のページにある難しい棚卸表にチャレンジする前に、前のページのシンプルなやり方を活用するように提案しているのでしょう。

三番目は、アクロンにいたドクター・ボブは、資産と負債のチェックリストを何年も使っていました。ドクター・ボブは、新しい人たちが初めはシンプルなバージョンのステップに取り組むべきだと信じていました。プログラムの細かなところは、後で取り組むことができるのですから。

ドクター・ボブは、新しい人にできるだけ早く12ステップに取り組ませていました。オハイオ州アクロンのセント・トーマス病院では、多くの場合、三日間から五日間の入院中に、12ステップを終えていました。何千人ものアルコホーリクが、このドクター・ボブの「シンプルにしよう（keep it simple）」のやり方で回復していきました。

「ビッグブック」を書いた人たちは、私たちがすぐにステップ4に取り組むよう勧めています。私たちを「**霊的な光**」(p.96)から切り離している行動パターンを取り除くためには、棚卸しによって「**在庫品の現状**」(p.93)を知る必要があります。95ページの終わりの2行には、もう少し詳しく書かれています。

Back to Basics

（A.A., p.95, 1~2行）

　私たちに徹底してやるように求めています。そして、そのすぐ次には、終わったら何をするのか書いてあります。これ全体が一つの段落に書かれているわけですから、棚卸しは一気に終わらせるように求めている、と見なして良いでしょう。

　これは提案に過ぎない、ということを胆に命じておかなければなりません。皆さんとスポンサーあるいはシェアリング・パートナーとで、次のセッションまでに終えられるのなら、あなたの望む限りどれだけの時間を使って棚卸しをしてもかまいません。

　では、私たちが何を紙に書くか見ていきましょう。93ページから103ページにかけて、私たちが取り除くべき負債と、増やすべき資産が示してあります。

　負債として書かれているのは、**恨み**(p.93, 101)、**恐れ**(p.98)、**利己的**(p.98, 101)、**不正直**(p.98, 101)、**無思慮**（思慮の欠如）(p.101)、**嫉妬**(p.101)、**疑惑**(p.101)、**反感**(p.101)です。分かりやすくするために、私たちは無思慮を**誤ったプライド**に、疑惑を**妬み**に、反感を**怠惰**に置き換えています。これらの負債と、それに対応する資産は、**AAグレープバイン**誌の1946年6月号に掲載されたものです。皆さんはステップ4で使う負債として、元になった「ビッグブック」に書いてあるものを使っても良いですし、私たちが改良したものを使うのも良いのです。

ステップ4の棚卸表

ビッグブックから資産と負債の棚卸しチェックリスト
p.92,14行～p.93,1行 / p.93,8～12行 / p.99,3～4行 / p.101,1～4行

負　債 見張る—	資　産 得る努力をする—
恨み	許し
恐れ	信仰
利己的	無私
不正直	正直
誤ったプライド	謙虚
嫉妬	信頼
妬み	満足
怠惰	行動

資産と負債のチェックリスト

Copyright: Faith With Works Publishing Company, Wally P., 1997, 1998 (Rev. 08/13)

私たちはある程度、これらの短所の意味を定義したいと思います。できればはっきりと意味が分かるようにしたいですね。

まず、**恨み**とは、現実にあるいは想像の上で、誰かに侮辱されたことについて、相当の長い時間怒ったり、憤慨したりした結果です。無礼を受けたと感じたことや個人的な被害に対して、敵意を持つこと、腹を立てる態度です。

恐れとは、いま持っているものを失う心配や、欲しいものが手に入らなくなる心配です。それは、嫌悪、恐怖、パニック、不安、心配などさまざまな形であらわれます。

利己的とは、自分や自分の幸福や楽しみだけに関心があり、他の人のことやその人たちの労力を考慮しないことです。

不正直は盗みやごまかしを伴います。自分の物でない物を手に入れたり、本来は他の人の物をだまし取ったり、嘘をついたり、本当のことを人に伝えないことです。

誤ったプライドとは、他の人より自分が優れているとか、劣っていると感じることです。優越感の中には、人種・教育・宗教的信条についての偏見と、自分が良く思えるように他の人を低く見る悪意が含まれています。劣等感の中には、私たちの抱えているトラブルへの過度の心配からくる自己憐憫と、低い自己評価——自尊心や自分へのリスペクトの欠如——が含まれています。

嫉妬は人に関することで、他の人の動機に疑念を持ったり、友人の誠実さを疑うことです。

ステップ 2・3・4

妬(ねた)みは物に関することで、他の人の持っている物を欲しがることです。

怠惰とは働く意欲や願望を持たないことです。先延ばしとは、自分に割り当てられた義務や仕事を後回しにしたり、遅らせたりすることですが、これも怠惰の一つです。

これで**何を**棚卸しするかがわかりました。次に、**誰が**棚卸表を書くのか決めなくてはなりません。これについては、ニューヨークのビル・Wのやったことが参考になります。

19ページの後ろから2行目には、ビルが棚卸しを1日で終えた様子が書かれています。19ページの最後の2行です。

```
・・・厳しい態度で
```

(A.A., p.19, 14~15行)

ビルは「厳しい態度で自分の罪を書いた」とは書いていません。彼は、自分にはいくつかの短所があると認めただけです。

20ページの最初の行から、ビルは自分の欠点をシェアリング・パートナーに話しています。

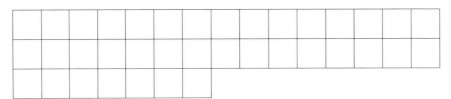

(A.A., p.20, 1~3行)

　ここでもビルは、「その学生時代の友人が訪ねてきた時、ぼくは自分が書いた棚卸表を読んで聞かせた」とは言っていません。それに、「ぼくが・・・リストを作った」とは言わずに、**「ぼくたちは・・・リストを作った」**と言っています。

　ですから、埋め合わせのリストはビルとエビーで一緒に作っています。そのことについて、もう少し考えてみましょう。ビルは1934年12月にタウンズ病院に入院しました。アルコールの解毒をするのは4回目でした。彼はとても重症の患者で、振戦せん妄に苦しんでいました。一方、エビーはもう何ヶ月も酒をやめていました。二人のどちらがリストを書いたでしょうか？　（ビルが書けたはずがありません）。

　では、資産と負債のチェックリストをもっと詳しく見ていきましょう。「ビッグブック」の93ページの真ん中からの段落では、私たちに恨みを調べるように言っています。

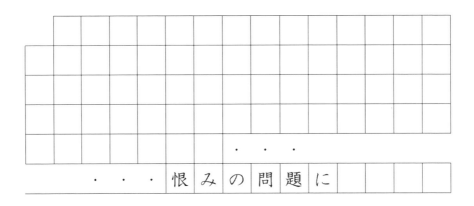

ステップ2・3・4

(A.A., p.93, 8~9行, 11~13行)

　96ページの真ん中の段落で、恨みを抱えたままでいると、私たちは**「自分を超えた偉大な力」**から切り離されてしまうことを強調しています。スピリチュアル（霊的）な目覚めが欲しければ、恨みを取り除くしかないのです。

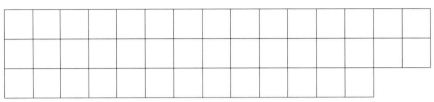

(A.A., p.96, 7~13行)

98ページの4行目から、私たちはどんな場合でも自分の側を見つめて、埋め合わせをする必要があるか見きわめなさいと言っています。

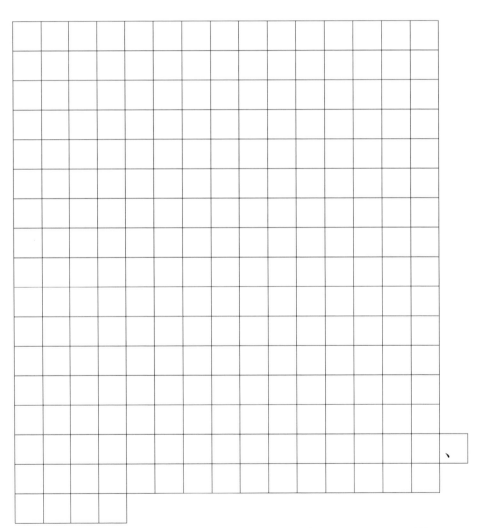

(A.A., p.98, 4~10行)

5行目をもう一度見てみましょう。「**自分がどこで利己的で、不正直で、身勝手だったのか。何を恐れていたのか**」、これらの短所の元には自分の意志があります。そして、それぞれの短所の反対側は、神の意志を知るために使われる「正直」、「純潔」、「無私」、「愛」という四つの規範です。

ビル・W、ドクター・ボブやその他の初期のAAメンバーは、自分が考えること、言うこと、することのすべてをテストすることを学びました。彼らは、私たちに同じ事をするように求めています——つまり、自分の行動をテストすることです。私たちは、自分がどちらの道を歩いているのかを知る必要があります。私たちが解決の中で生きて「**宇宙の霊と手をつないで歩いて**」(p.108) いるのか、それとも問題の中で生きて「**自分を哀れんでひどい泥沼の中に落ち込んで**」(p.12) いるのか。私たちの利己心、自己中心性が「**どんな力でも持っている存在**」(p.85) である神から私たちを遮り、私たちの問題を解決してくれるスピリチュアル（霊的）な解決を見つけるのを阻んでしまうのです。

私たちは、埋め合わせをする必要があるかどうか見きわめるのに、自分の意志をテストするAAのやり方を使うこともできますし、神の意志をテストする四つの規範を使うこともできます。

<u>自分の意志</u>	<u>神の意志</u>
利己的	無私
不正直	正直
身勝手	純潔
恐れ	愛

恨みを扱うにあたって、「ビッグブック」は何をすれば良いか、具体的な指示を与えてくれます。私たちが**「幸せに長生きをしたい」**(p.106) のなら、恨みをなんとかしなくてはなりません。

97ページの2行目から、私たちが恨みを持ち続けていると、私たちの人生をその人たちに引き渡し、コントロールさせてしまうことを説明しています。

(A.A., p.97, 2〜8行)

ステップ2・3・4

　私たちが恨みを放っておけば、私たちの未来は過去と同じことの繰り返しになります。私たちが過去の古い傷を思い出すたびに、私たちの心には古い痛みも繰り返して感じられます。過去に私たちはその痛みをごまかすために酒を飲んできましたが、これからはその痛みを取り去る行動を取ります。

　まずやることは、私たちが抱えている恨みをスポンサーやシェアリング・パートナーに話すことです。受けた傷について話すことで、癒やしが始まります。けれど、私たちが腹を立てている相手を許すまで、完全な癒しは起こりません。私たちは許すことで恨みを乗り越えます。ですから、恨みという負債の反対側に、許しという資産があるのです。

　私たちは自分の経験に対する態度を変えねばなりません。そうするために、私たちは痛みの元を新しい光で照らして見ます。私たちは相手を病んだ人であり、その人に必要なのは私たちの怒りではなく、私たちの祈りなのだ、と思い直します。相手がこれからまだ会う人でも、もう死んでしまった人でも、二度と会うことのない人でも、やり方は同じです。97ページの10行目からです。

			・	・	・	彼	ら	の	や	り	方	は		
														、

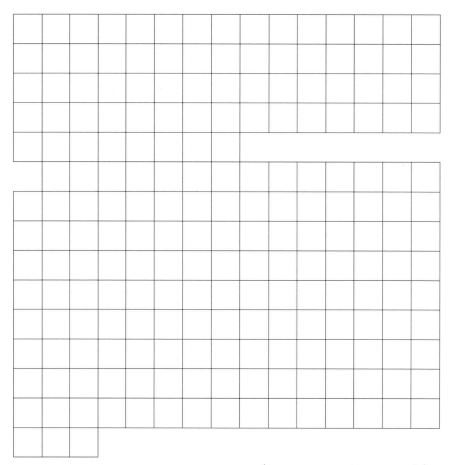

（A.A., p.97, 10行～p.98, 3行）

次に、恐れを見るように言っています。99ページの最初の段落です。

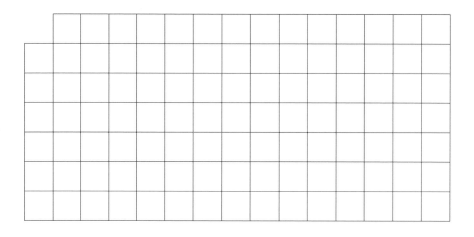

ステップ2・3・4

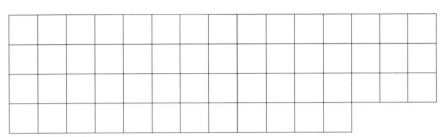

(A.A., p.99, 3~7行)

　私たちが信仰を持つならば、神は私たちを安全に守ってくれます。私たちはすべての恐れを乗り越える強さと導きを受け取るでしょう。私たちは信仰によって恐れを乗り越えます。ですから、「ビッグブック」に従って、恐れという負債の反対側に、信仰という資産があるのです。

　99ページの真ん中から、創造主を信頼することができれば、恐れから解放されると教えてくれています。

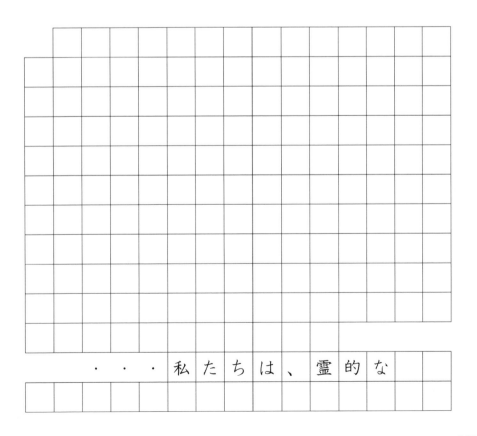

Back to Basics

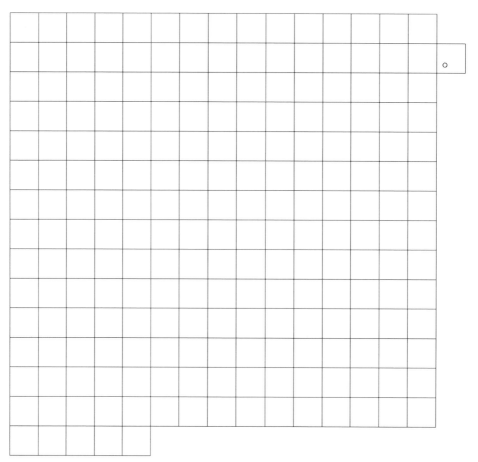

（A.A., p.99, 8行~p.100, 3行）

　101ページの先頭から、私たちが取り組むべき短所をさらに六つ取り上げています。また、私たちが傷つけた人たちのリストを作るように言っています。これが埋め合わせのリストになります。私たちが償いをすべき人たちのリストです。

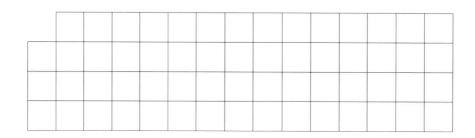

ステップ2・3・4

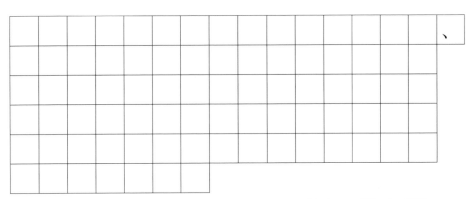

(A.A., p.101, 1〜4行)

　「ビッグブック」によれば、棚卸表に加える6つの短所は、**利己的**、**不正直**、**無思慮**（思慮の欠如）、**嫉妬**、**疑惑**、**反感**です。（訳注：無思慮（思慮の欠如）が**誤ったプライド**に、疑惑が**妬み**に、反感が**怠惰**に置き換えられている）。

　これが棚卸表の負債の側に置かれます。では資産の側はどうなるでしょう。

　「ビッグブック」の第五章のあちこちに資産について記載があります。これまで私たちは、**恨み**の反対側に**許し**、**恐れ**の反対側には**信仰**という資産がくるとお伝えしました。

　「ビッグブック」と**AAグレープバイン**誌の1946年6月号の記事によれば、追加する資産は、**無私**、**正直**、**謙虚**、**信頼**、**満足**、**行動**です。

　棚卸表の両側を見てみましょう。私たちの棚卸表には、見張るべき負債と、得る努力をすべき資産が並んでいます。

　これで、ステップ4の説明は終わります。けれど、このセッションを終える前に、もう少し詳しくお伝えしておきたいことがあります。それ

111

は、私たちの棚卸表を分かち合う相手についてです。

ステップ5は、「**神に対し、自分に対し、そしてもう一人の人に対して、自分の過ちの本質をありのままに認めた**」とあります

「ビッグブック」によれば、私たちは自分の「**問題と欠点**」(p.20)を少なくとも誰か一人と話し合わねばなりません。その人は、このセッションを通じてあなたを手助けしてくれるAAメンバーでも良いですし、その人以外でも良いのです。「ビッグブック」は他の選択肢も用意してくれています。

107ページの最後の段落には、棚卸表を分かち合う相手の選び方について指示があります。スポンサーやシェアリング・パートナーは、あなたが棚卸表を記入するのを一緒に手伝ってくれるでしょう。けれど、第三者と分かち合った方が、もっと安心かもしれません。「ビッグブック」には、私たちの短所を一緒に見てくれる相手を選ぶガイドラインがあります。

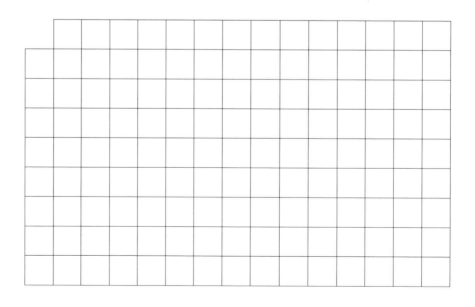

ステップ2・3・4

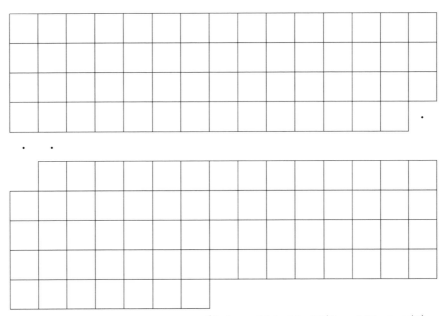

(A.A., p.106, 11~15行, p.107, 2~4行)

　また、棚卸しを話す相手は一人ではなく、何人でもかまいません。誰に棚卸しを聞いてもらうのか、まだ決めてない人には、あなたのスポンサーやシェアリング・パートナーが決めるのを助けてくれるでしょう。

　さて、これまで私たちは、棚卸表に何を書くのか、誰が表を書くのか、棚卸表を誰に話すのかを説明してきました。棚卸しのプロセスを説明するために、これから一つ例を示しましょう。

　ここに1枚の棚卸表があります。左側には負債のリストが、右側には資産のリストがあります。これは1946年6月の**AAグレープバイン**誌の記事と同じ形式ですが、縦線をすこし消してあります。スポンサーやシェアリング・パートナーの人は、ニューカマー（新しい人）から話を聞いて、ふさわしいと思う負債の右側に、人、組織、原理などを記入していきます。

スポンサーあるいはシェアリング・パートナーの人は、最初に、棚卸表の資産のところを折って見えないようにしてください。そして、ニューカマーに、抱えている恨みを尋ねて下さい。「あなたは誰に腹を立てていますか？」 ニューカマーが**「恨みのリスト」**(p.94)（訳注：恨んでいる人たちについて）を話し出したら、スポンサーあるいはシェアリング・パートナーの人は、恨みの対象の人や組織や原理の名前を、**恨み**の右側の欄に書いてください。

気をつけて欲しいことがあります。新しい人は、棚卸しを徹底的にやるために、これまでの恨みを全部棚卸表に書く必要はありません。棚卸しは**「原因と、そのためにいまどうなっているか」**(p.92)を見て、それを**「思い切ってすぐに処分する」**(p.93)ことが目的です。時には、ほんのいくつか書いただけで、自分の**恨み**がどれほど**「どんな力でも持っている存在」**(p.85)との親密な、双方向の関係を妨げているのか、はっきりと見えてくることもあります。恨みの数が少なくても、棚卸しと埋め合わせのプロセスの全体をやり遂げたほうが、得るものが多いのです。なぜなら、あまりたくさんの恨みを書き連ねていくと、新しい人たちは気が滅入ってきて、途中で諦(あきら)めてしまうからです。

棚卸しは**「事実を把握し、それに正確に向き合おうとする」**(p.92)プロセスです。これには痛みが伴います。だから、その痛みはなるべく早く取り除いたほうが良いのです。新しい人が、この一連の行動を通して、自分の意志で生きることで生まれた**「恐怖、混乱、いらいら、絶望」**(p.220)が消えていくことを経験し、納得してくれれば、その人はやがて、もっと棚卸しをやってみたいという気持ちになるでしょう。

さて次は、スポンサーあるいはシェアリング・パートナーの人は、新しい人に、なぜ腹を立てているのかその理由と、自分のどこに落ち度があったかを尋ねて下さい。新しい人がその相手に埋め合わせする必要が

あることが、お互いに納得できたら、**恨み**の右側の欄に書いた名前を○で囲んで下さい。

　スポンサーあるいはシェアリング・パートナーの人が恨みのリストを書き終えたら、次は恐れのリストに進んで、「誰を、または何を恐れていましたか？　まず、恨みを抱いていない相手から書き出しましょう」と聞きます。**恐れ**の右側の欄に名前を書き留め終えたら、スポンサーあるいはシェアリング・パートナーはこう尋ねます。「もう一度恨みのリストを見てみましょう。恐れと恨みを同時に持ったことがありませんでしたか？」

　そして、ニューカマーは恐れのエピソードについて一つひとつ説明します。そしてここでも、スポンサーあるいはシェアリング・パートナーは、「**自分の非はどこにあるか**」(p.98)を見るように促します。埋め合わせが必要なことがお互いに納得できたら、スポンサーは**恐れ**の右側の欄にある関係した名前を○で囲んでください。

　恨みと**恐れ**のチェックリストが終わったら、スポンサーあるいはシェアリング・パートナーは、ニューカマーに棚卸表の負債の側の残りの項目について考えるように求めます。「誰に対して**利己的**でしたか？」「どんなときに**不正直**でしたか？」「**誤ったプライド**を持ったことは・・・つまり、誰かより自分が優れているとか劣っていると感じたことはありませんか？」「人間関係で**嫉妬**を感じたことはありませんか？」「誰かの持っている物を**妬**んだことは？」「どんなときに**怠惰**でしたか？」・・・スポンサーあるいはシェアリング・パートナーの人は、それぞれの出来事についてふさわしい負債の右側の欄に名前を書き入れます。そして、埋め合わせが必要なことがお互いに同意できたら、その名前を○で囲みます。

チェックリストの負債の側をやり終えたら、スポンサーあるいはシェアリング・パートナーは折ってあった紙を開いて、棚卸表の資産の側が見えるようにします。書いた名前の数が**いちばん少ない**負債の反対側にある資産が、新しい人がすでに持っている肯定的な性質です。名前の数が**いちばん多い**負債の反対側の資産は、新しい人が必要な埋め合わせをすることで、強く鍛えるべき性質です。

　私たちが、スポンサーあるいはシェアリング・パートナーとニューカマーで書いたリストとして配ったサンプルでは、**誤ったプライド、嫉妬、妬み**の欄には少ししか名前がありませんが、**恨み、恐れ、利己的、不正直、怠惰**の右の欄にはたくさん名前が書き込まれています。

　スポンサーあるいはシェアリング・パートナーは、ステップ５をこうまとめることが出来ます。「この棚卸表によって、あなたがおおむね謙虚で、信じて疑わず（信頼）、満足した人であることが分ります。一方で、あなたは恨み、恐れ、利己的、不正直、怠惰だったことについて埋め合わせをすることで、もっと寛大で（許し）、愛情あふれ、無私で、正直で、勤勉な人になれるでしょう」

　私たちは負債だけでなく、資産も見ていきます。なぜなら私たちの多くは、アルコホリズムの結果として、自尊心（自己評価）や自己価値観をほとんど失っているからです。私たちが飲んでいた頃にとても愚かしい、破滅的なことをやっていたとしても、もうそれを繰り返す必要はありません。私たちは自分の誤りを認め、それを正していく意欲を持つようになります。私たちが心からすまないと思うなら、神はすでに私たちをお許しになっているのです。ですから、もう自分を責めないようにしましょう。

　「ビッグブック」の102ページの７行目からです。

ステップ2・3・4

> ・・・自分がしたことを、
>
> 　　　　　　　　　　　　　　　　　　　　　。

(A.A., p.102, 7〜10行)

　さあ、恐れずに、徹底して、自分自身の棚卸しを行う準備ができましたね。過去の残がいをきちんと片づけて、**「癒しの奇跡」**(p.83)を経験する準備ができたということです。私たちの資産と負債のチェックリスト形式の棚卸表を使う方にはコピーを差し上げます。

　前にも言いましたが、ステップ4と5のやり方に正しいやり方も間違ったやり方もありません。ともかくやってみましょう。

　では、質問はありますか？

Back to Basics

第４章

セッション＃３ ステップ５・６・７・８・９

　これは４回シリーズのAAビギナーズ・ミーティングの３回目です。いまは1946年の秋で、私たちはAAミーティングに参加しています。そこでは、ニューカマー（新しい人たち）が１時間のセッション４回で12ステップに取り組んでいます。

　ビギナーズ・ミーティングをやってみたいという方にお伝えしたいのは、ビギナーズ・ミーティングのやり方には厳格なルールはない、ということです。このフォーマットは、1940年代にビギナーズ・ミーティングに参加し、自分たちでもやっていた人たちが書き残してくれたものや、口づてに伝えられてきたものを、私たちが解釈したものです。ご自由に変更し、それぞれのニーズに合わせてくださってかまいません。ただ「原型」のプログラムに近ければ近いほど、当時のAAが達成していた並はずれた成功率に近づける、ということは憶えておいてください。

* *

　AAビギナーズ・ミーティングの３回目のセッションに**ようこそ。アルコホーリクス・アノニマス**の「ビッグブック」に書かれた12ステップに一緒に取り組んでいきましょう。私たちの目標は、人間の力を超えた偉大な力と意識的な触れ合いをすることです。その力が、アルコホリズムという死に至る病から私たちを解放してくれます。

　AAメンバーの＿＿＿＿＿＿＿です。AAメンバーの＿＿＿＿＿＿＿です。私たちは

Back to Basics

皆さんの旅のガイド役を務めます。その旅は、飲酒の問題のスピリチュアル（霊的）な解決へと向かう旅です。

　先々週と先週の２回で、私たちはステップ１からステップ４に取り組みました。ニューカマー（新しい人）の皆さん、先週からの１週間で、スポンサーかシェアリング・パートナーと一緒にステップ５をすませましたか？

　(**オプション：**ニューカマーの人で、今夜スポンサーあるいはシェアリング・パートナーがいない人はいませんか？　いらしたら立っていただけますか？　今後のセッションで皆さんを手助けする人を決めないといけません。　［ボランティアの人に立っている人の手助けを頼む］　ありがとうございます。では座って下さい）

　では、順調に進んでいる人を確かめましょう。誰かが「軌道に乗っている人」と呼んでいましたね。さあ、もう一人の人（たち）と、ステップ４の棚卸表を分かち合った人は、どうぞ立って下さい。

　おめでとうございます。どうぞ、座って下さい。皆さんは、アルコホリズムから回復するのに必要な**「意欲と、正直さと、開かれた心」**(p.268/572)の三つを持った素晴らしい人たちです。

　皆さんは、スピリチュアル（霊的）な目覚めが約束された道を順調に歩んでいます。今夜、読んだり聞いたりしたことはすべて皆さんの役に立つでしょう。やるべきことをやったのですから、その見返りが得られるでしょう。

　先週お伝えしたように、あなたがあなたのスポンサーあるいはシェアリング・パートナーと一緒に短所のリストを作り、埋め合わせが必要な

人や組織のリストを作ったのなら、その表をどちらが書いても良いのです。これから皆さんは、ステップ6と7で自分の短所を自分なりに理解した神にゆだね、ステップ8と9で傷つけた人たちに償いをします。

　私たちは、プログラムの中でさらに行動が必要な段階に入っていきます。行動は結果を生み出します。結果の多くは、私たちの人生が変わるという約束が果たされる形でもたらされます。それが私たちのスピリチュアリティ（霊性）にとって欠かせない部分になっていきます。

　私たちの人生が良いほうに変わらないなら、飲まないで生きようと思うわけがありません。プログラムに取り組んでも、私たちの将来が、落ち着きがなく、いらいらが強く、不機嫌なままなら、誰がそんなステップをやりたいと思うでしょうか。AAのプログラムは、ただアルコールから解放されるだけではありません。私たちは、いままで想像したこともない素晴らしい生き方を手に入れるでしょう。それが、私たちがステップに取り組む理由です。繰り返し、繰り返し取り組む理由です。

　ステップ6・7・8・9に進む前に、「ビッグブック」がステップ5について何と言っているか、おさらいしておきましょう。ステップ5で私たちがもう一人の人の手助けを受けることで、神は、私たちを「**霊的な光**」(p.96)から遮っている私たちの欠点を明らかにしてくれます。

ステップ5　神に対し、自分に対し、そしてもう一人の人に対して、自分の過ちの本質をありのままに認めた。

　「ビッグブック」の104ページの最後の行から、なぜもう一人の人に負債（つまり短所）を認めなくてはならないのか書いています。

・・・最大の理由を

ステップ5・6・7・8・9

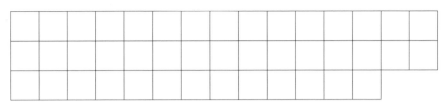

(A.A., p.104, 15行〜p.105, 10行)

　ここでも、「在庫」を調べるように言っています。つまり、棚卸しをきちんとしなさい、ということです。資産として、**謙虚さ**、**恐れのなさ**、**正直さ**を、負債として**利己主義**（エゴイズム）と**恐れ**を見るように言っています。

　私たちが棚卸しを（もう一人の人と）分かち合うのは、私たちが自分をだますことが得意だからです。皆さん、「自分の酒はぜんぜん問題がない」と言っていたことはありませんでしたか？　自分はうまくやっている、と自己欺瞞(ぎまん)を繰り返せば繰り返すほど、アルコホリズムの深みへとはまっていきました。

　だから私たちは性格の問題についても、きちんとした判断ができません。特に自分自身については。誰か他の人を信用するしかありません。その人だけが、私たちの本当の姿を見ることができます。

　先週説明しましたが、棚卸表を分かち合う相手は一人に限りません。また「ビッグブック」の106〜107ページには、その相手として、聖職者や医師、精神科医や友人を挙げています。

　口の堅い、理解してくれる、精神的に支えてくれる人を相手に選びます。私たちの棚卸表を第三者に漏らさない人でなくてはなりません。107ページの11行目から、こう書かれています。

・・・その人は秘密を

（A.A., p.107, 11〜14行）

さらに、ステップ5のやり方が詳しく書かれています。108ページの最初の段落です。

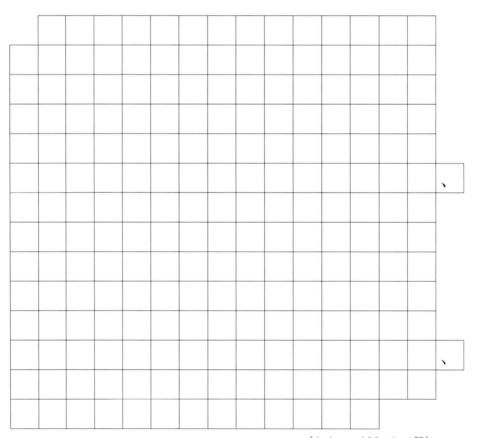

（A.A., p.108, 1〜6行）

ステップ4の棚卸表

ビッグブックから資産と負債の棚卸しチェックリスト
p.92,14行～p.93,1行 / p.93,8～12行 / p.99,3～4行 / p.101,1～4行

負債（見張るー）					資産（得る努力をする）
恨み	前妻	自分		裁判所	許し
恐れ	裁判所	スリップ		健康	信仰
利己的	前妻	上司		友人1	無私
不正直	(前妻)	自分		上司	正直
誤ったプライド	神	上司		(友人2)	謙虚
嫉妬	家族				信頼
妬み					満足
怠情	(前妻)	上司	(自分)		行動
恥	友人2				自尊心

資産と負債のチェックリストとステップ8の埋め合わせリスト

Copyright: Faith With Works Publishing Company, Wally P., 1997, 1998 (Rev. 08/13)

次の段落にも、指示があります。

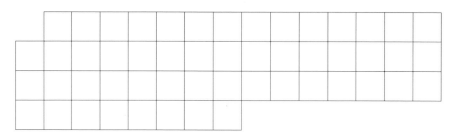

(A.A., p.108, 7~8行)

「ビッグブック」は、私たちが短所を認めると、私たちの人生が変わると言っています。私たちの**「考え方や態度が全面的に変わっていく」**^(p.208)体験が始まります。108ページの8行目から、この変化が語られています。

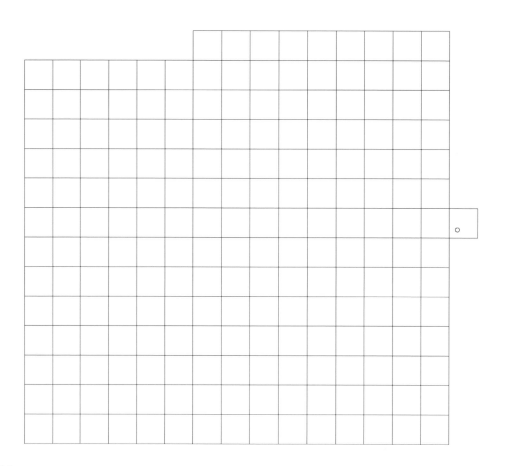

ステップ5・6・7・8・9

(A.A., p.108, 8〜13行)

　私たちはアルコホリズムからの回復の道を順調に進んでいます。「ビッグブック」によれば、私たちはスピリチュアル（霊的）な体験のプロセスの中にいて、その結果として、飲酒への強迫観念が取り除かれていくでしょう。

　さあ、いよいよ、私たちがステップ4と5で見つけた障害物を取り除いてもらうように、自分なりに理解した神にお願いするところまでやって来ました。ステップ6へ進みましょう。

ステップ6　こうした性格上の欠点全部を、神に取り除いてもらう準備がすべて整った。

　ステップ6で「ビッグブック」は私たちにシンプルな質問を用意しています。109ページの9行目からです。

　・・・私たちは、自分で

Back to Basics

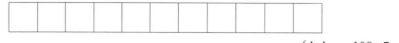

（A.A., p.109, 7〜10行）

　さあ、「ビッグブック」によると、私たちがまた決心する時がやってきました。おそらく、皆さんがスポンサーかシェアリング・パートナーと一緒にステップ５をやった時に、続けてこのステップ６もやるように言われたでしょう。その時にやっていない人は、今回私たちと一緒にステップ６に取り組みましょう。ステップ６はもう済ませたという人も、ここでグループのみんなと一緒にもう一度取り組みましょう。

　ステップ５で、私たちは先週説明したチェックリストを使って自分の負債を突き止めました。ステップ６で、私たちは見つけた短所を自分なりに理解した神にゆだねる決心をします。

　では、私たちが棚卸表を分かち合った時に見つけた負債を、つまり私たちにとっての障害物である欠点を、神に取り除いてくださいと祈るために、静かな沈黙の時間を始めましょう。資産と負債のチェックリストの左側に並んでいる負債のなかで、右側に名前が書いてあるもの。もしその中に、手放せない短所があるなら、手放す意欲が湧くようよう神に祈りましょう。

　（１〜２分の沈黙の時間を待つ）

　はい、では、ステップ１から５をやった人は立ってください。ステップ６の質問です。

「あなたは、自分で感情を害してしまうほどの問題だと思うすべての事柄を、神に取り除いてもらう準備ができていますか？」

「はい」か「いいえ」で、一人ずつ答えて下さい。答えたら、どうぞ座ってください。

［ニューカマーがこの質問に答え終わる］

ありがとうございます。

「ビッグブック」によると、この質問に「はい」と答えた人は、ステップ6を終えました。これで、ステップ7に進む準備ができました。

ステップ7　私たちの短所を取り除いてくださいと、謙虚に神に求めた。

ステップ7は単刀直入です。このステップは、私たちが神と自分のまわりの人たちへの奉仕に自分を捧げることができるように、私たちの負債を取り除き、資産を増やしてくれるように願う祈りでできています。

この祈りは109ページの最後の5行にあります。

・・・「神さま、私は

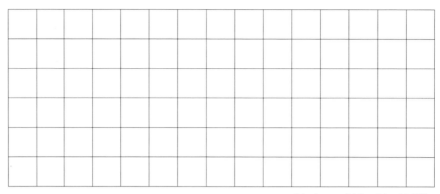

（A.A., p.109, 11〜15行）

　ステップ7に取り組む準備が出来た人は、これから私たちと一緒にこの祈りを唱えましょう。

では、一緒にステップ7の祈りを唱えます。

［ステップ7の祈りを唱える］

　「ビッグブック」によれば、私たちはステップ7を終えました。

　さあ、過去の残がいをきちんと片づける時が来ました。それは、私たちが埋め合わせ、または償いをすることです。

ステップ8　私たちが傷つけたすべての人の表を作り、その人たち全員に進んで埋め合わせをしようとする気持ちになった。

　「ビッグブック」は、「表を作る」と言っています。私たちはこの表を作るのでしょうか。ここでは表は作りません。すでにステップ4の一部として、その一覧をまとめてあります。110ページの最初の段落を読む

とわかります。

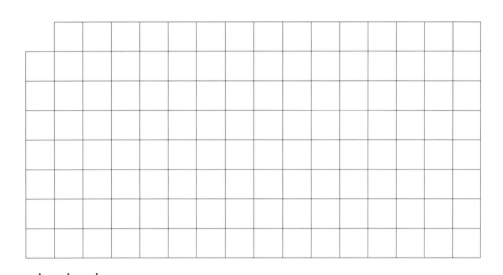

（A.A., p.110, 1~3行）

ステップ4の棚卸表を処分しなかったのはこれが理由です。その表にはステップ8の埋め合わせの表が含まれているのです。資産と負債のチェックリストの中で、丸で囲んである名前が、私たちの埋め合わせの対象です。

そこに書かれた人たちや組織に、埋め合わせをする気になった人に、お祝いの気持ちをお伝えしたい。「ビッグブック」によれば、あなたたちはステップ8を終えました。では、ステップ9に進みましょう。

ステップ9　その人たちやほかの人を傷つけない限り、機会あるたびに、その人たちに直接埋め合わせをした。

埋め合わせのやり方は、110〜120ページに詳しく説明があります。110

ページの4行目から、どうやるのか書いてあります。

```
・・・いまこそ彼らの
```

（A.A., p.110, 4~8行）

おそらく、まだ私たちに対して腹を立てていたり、こちらの動機を疑っている人に埋め合わせするのは気が進まないでしょう。110ページの真ん中の段落には、そういう相手にどうやって近づいたらいいかガイドラインがあります。

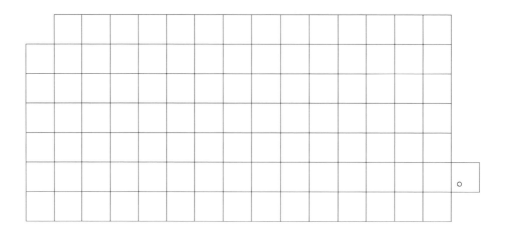

ステップ5・6・7・8・9

											。

(A.A., p.110, 9~15行)

　ビッグブックを書いた人たちは、この部分の終わりのところに、私たちの生きる目的をはっきりと述べています。私たちの人生の目的は、神と自分のまわりの人たちに奉仕をすることだ、と断言しています。

　「ビッグブック」の111ページには、議論するのではなく、行動するようにと私たちに言っています。私たちは変わることができたのですから、その姿を相手に実際に見せるのです。110ページの最後の行から、

・	・	・	自	分	が	与	え	た			

133

Back to Basics

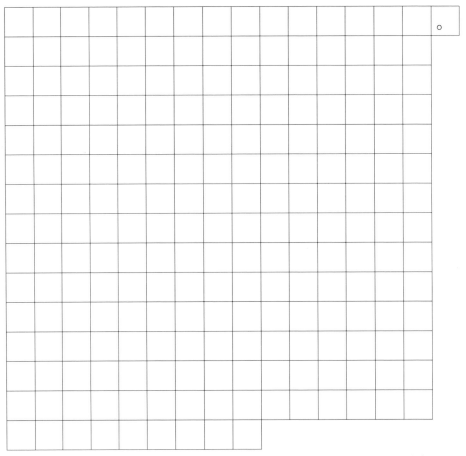

（A.A., p.110, 15行~p.111, 8行）

　いちばん難しい埋め合わせの一つは、私たちが心底嫌っている相手への埋め合わせです。でも、相手のことが好きか嫌いかに関係なく、やるべきことはやらなくてはなりません。112ページの最後の2行からです。

ステップ5・6・7・8・9

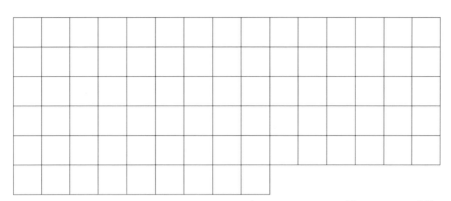

（A.A., p.111, 14行〜p.112, 2行）

「ビッグブック」の112ページの3行目からを読むと、私たちが何を言えば良いのかわかります。

（A.A., p.112, 3～9行）

　借金について、私たちはどうすれば良いのか。借金は返す、とはっきり書いてあります。私たちは返済するための自己犠牲を嫌います。しかし自己犠牲も必要なのです。返済を進めていくには、「**過去の過ち**」^(p.181)を精算するための強さと勇気を神から与えてもらえるよう、もっと神を信頼しなくてはなりません。神の導きによって、自分で考えていた償いのやり方より、もっとやさしいやり方が見つかるでしょう。113ページの先頭の段落です。

ステップ5・6・7・8・9

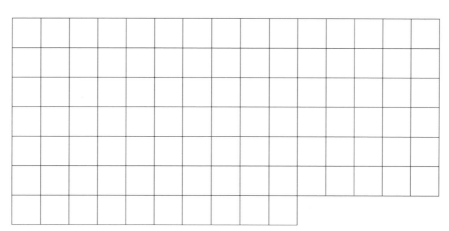

（A.A., p.113, 1~9行目）

　憶えておいてください。勇気とは、恐れがない状態のことではありません。勇気とは、恐れに直面して、それを乗り越えることです。

　114ページの最初の段落です。「ビッグブック」には、自分なりに理解した神をガイド役にするように指示しています。つまり神への信頼が不可欠です。さあ、**「どんな力でも持っている存在」**(p.85)との関係を邪魔している恐れを乗り越えましょう。

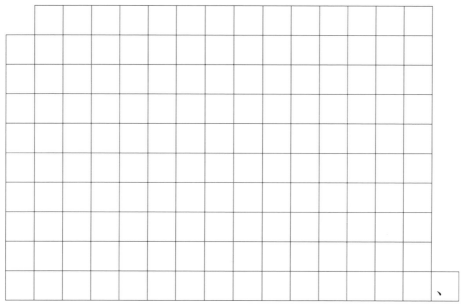

Back to Basics

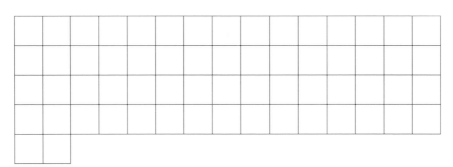

（A.A., p.114, 2~7行）

　また、難しい埋め合わせをする前に、他の人に相談することを提案しています。おそらく、棚卸しや埋め合わせについて理解している人の案内が必要なのでしょう。115ページの真ん中の段落です。道路の自分の側の掃除をするにしても、そのことで別の害を作らないように警告しています。

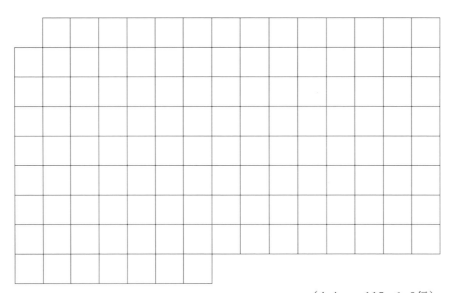

（A.A., p.115, 6~9行）

　118ページの2行目から。ここでも、神の助けを求め、過去の過ちを償うことが提案されています。

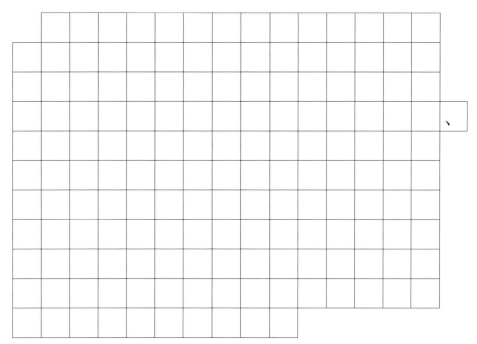

（A.A., p.118, 3〜6行）

　これは、埋め合わせをするには、私たちは機転を利かせて、思慮深くやらなくてはならない、という一つの例です。埋め合わせは簡単だなんて誰も言っていません。ともかくやらなくてはならないのです。

　118ページの10行目の後ろから。「ビッグブック」を書いた人たちは、**「酒をやめることは、始まりにすぎない」**(p.29)ことを強調しています。アルコホリズムから回復するためには、さらに行動が必要です。

Back to Basics

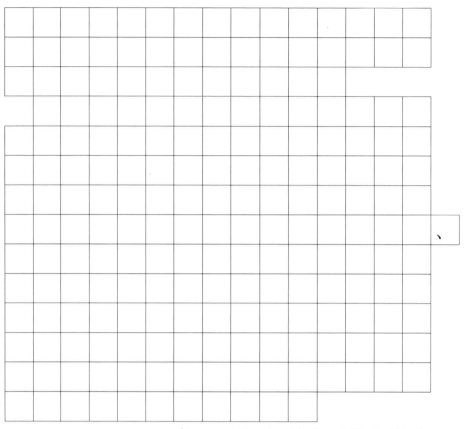

(A.A., p.118, 10~14行目, p.119, 1~5行目)

酒さえやめれば十分ではありません。はっきりそう述べています。119ページの真ん中から後ろ半分です。

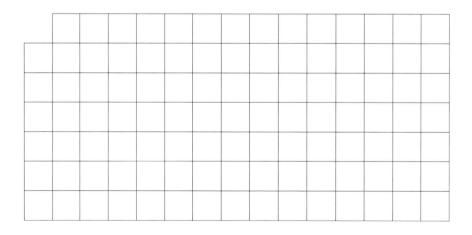

ステップ5・6・7・8・9

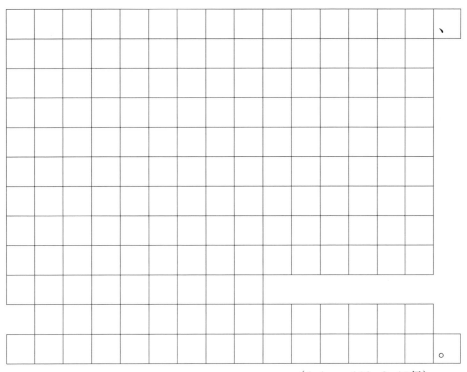

（A.A., p.119, 8~15行）

　ここでは、アルコホリズムから回復するためには、AAプログラムを生きなければならない、と言っています。私たちはステップを踏むのではありません、毎日ステップを生きるのです。

　120ページの5行目からです。直接顔を合わせて埋め合わせすることができない相手にはどうしたらよいかが書いてあります。

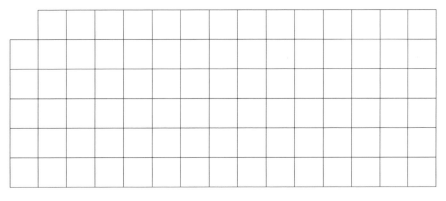

(A.A., p.120, 5〜7行)

「ビッグブック」は、ステップ9の説明を、私たちに与えられる恵みのリストで締めくくっています。120ページの後ろから5行目には、私たちが過去の残がいの片づけを始めると何が起こるのか、はっきりと述べています。ビッグブックを書いた人たちは、その恵みを「約束」だと言っています。「ビッグブック」はあちこちに約束だらけですね。これもその一つです。

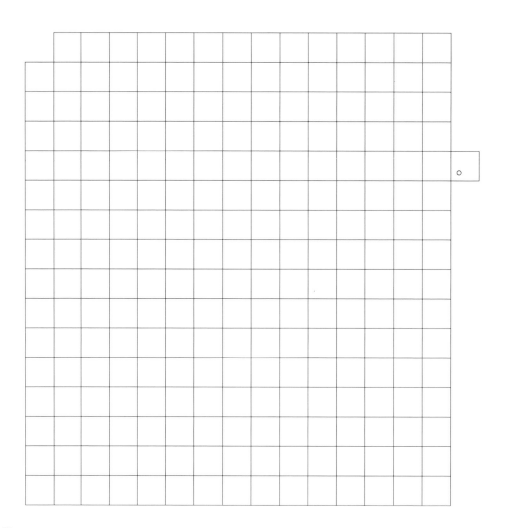

ステップ5・6・7・8・9

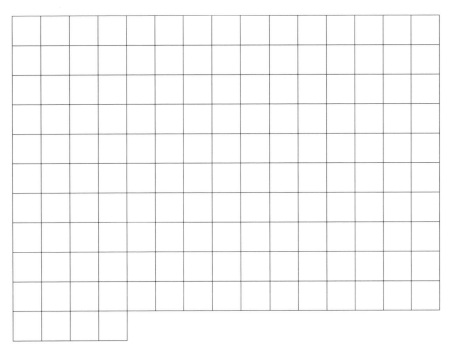

（A.A., p.120, 11行〜p.121, 5行）

　これは希望のメッセージです。私たちが傷つけた人たちに埋め合わせをしていくだけで、こんな素晴らしい**「出来事が起こる」**(p.240)なんて、信じられませんね。でも、これは実際に起きるんです。それは保証付きです。

　オハイオ州アクロンにいたAAの共同創始者、ドクター・ボブは、埋め合わせをしなければ酒をやめられないことを学びました。ドクター・ボブは埋め合わせを一日でやり遂げました。227ページの4行目から。ドクター・ボブのステップ9が書かれています。

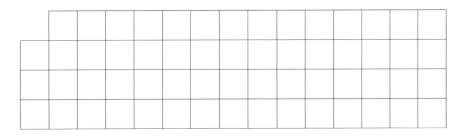

Back to Basics

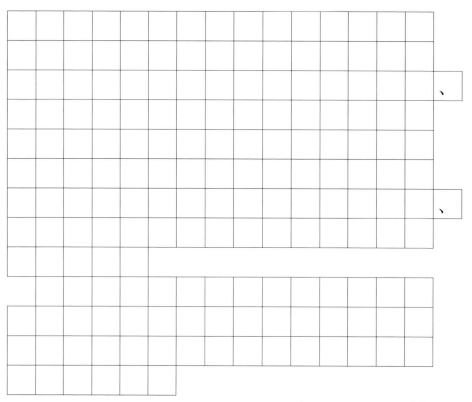

(A.A., p.227, 4~10行)

　これでステップ9の説明は終わりです。ニューカマーの皆さん、来週までに宿題があります。それはリストで名前が丸で囲んである人たちへの埋め合わせを始めることです。どうやって埋め合わせをしたら良いのかわからないなら、一つひとつ、スポンサーかシェアリング・パートナーに相談してください。

　来週はステップ10・11・12です。ですが、このセッションを終える前に、ステップ11の下準備をさせてください。ステップ11はアルコホリズムのスピリチュアル（霊的）な解決と直接触れ合うステップです。

　ステップ11は「**祈りと黙想を通して、<u>自分なりに理解した神</u>との意識的な触れ合いを深め、神の意志を知ることと、それを実践する力だけを**

ステップ5・6・7・8・9

求めた」です。

　たくさんのAAメンバーが「**祈りと黙想**」は双方向の祈りだと言っています。祈りは神に向かって話すことで、黙想は神から聞くことです。私たちは、「**全知にして全能**」(p.123)である神から導きを得るために聞くのです。

　「ビッグブック」を書いた人たちはこの本のあちこちで双方向の祈りについて述べています。それはおそらく、私たちに、自分なりに理解した神との意識的な触れ合いをする準備をさせるためでしょう。ですから、ステップ11に進む前に、「ビッグブック」のここまでの中で、導きを得ることについて述べている箇所をおさらいしてみましょう。

　まず、「導き」とは何かはっきりさせましょう。「導く（guide）」という言葉を辞書で引いてみると、指揮する（lead）、指示する（direct）、人を動かす（influence）、規制する（regulate）という意味があります。類義語が二つあって、明らかにする（disclose）、見せる（show）です。

　私たちは「ビッグブック」を読み返して導きを意味しているところを探しました。すると少なくとも18ヶ所あることがわかりました。そのひとつはしばらく前に読みました。119ページの後ろから4行目に戻って、見直しましょう。

				・	・	・	だ	か	ら	家	の				

（A.A., p.119, 12〜14行）

「ビッグブック」のこの部分では、まず、毎日「静かな時間」を持つように、つまり黙想をするように言っています。この黙想のあいだに、神が私たちに**忍耐、寛容、思いやり、愛**という資産にもとづいた生き方の道を**示して**（SHOW）くれるでしょう。示してくれるとは、別の言葉で言えば導きを与えてくれるということです。

導きについては、ステップ1から始まってここまで、あちこちで述べられています。そのいくつかを紹介していきます。

「ビルの物語」の20ページで、ビルは**「祈りと黙想」**についてこう書いています。20ページの7行目の途中からです。

・・・たしかでない

（A.A., p.20, 7〜8行）

私たちが**方向付け**（DIRECTION）と強さを求めて祈る時、私たちは困難を乗り越えるための導きと力を、**「宇宙の持つ霊的な力」**(p.15, 68, 76, 108)に求めているのです。言葉をかえて言えば、「神が導くところ、神は備える（When God guides, God provides）」です。

「静かに座る」(p.20)ことがとても大切です。特にストレスや不安を感

じているときに、これが大切です。そうすれば、神が語る言葉が聞き取れるでしょう。黙想は、「神は聞く意志のある者に向かって語りかける」という信念にもとづいています。私たちは浮かんだ考えやアイデアを書き留めます。そうしておけば、仕分けをして、**「有限の自分ではなく、無限の神」**(p.99)から与えられた導きに沿って行動することができます。

　その導きが、本当に神からのものなのか、どうやって区別したら良いのでしょう？　私たちは先週紹介した、自分の意志をテストするAAのやり方を使っています。「ビッグブック」の中には、このテストの使い方の説明が3か所あります。ステップ4では、資産と負債のチェックリストを使う時に、埋め合わせの必要があるかどうか判断するのに使いました。この方法はステップ10と11でも使いますよ。

　ステップ4で、この自分の意志をテストするAAのやり方をどう使っていたか、おさらいしましょう。

自分の意志	神の意志
利己的	無私
不正直	正直
身勝手	純潔
恐れ	愛

　「静かな時間」（黙想）についても本質的に同じ評価方法を使います。書き留めたことが正直で、純潔で、無私で、愛あるもの、この**すべて**に当てはまったなら、その導きは神の意志に沿ったものでしょう。書き留めたことが、不正直、恨み、利己的、恐れの**どれか**に当てはまったなら、その導きは神の意志ではなく、自分の意志に基づいていると見なせます。私たちは、この神の意志を評価する四つのテストすべてに合格した導き

Back to Basics

に従って行動します。

　83ページの最後の３行です。神は「**次々と明らかに**」(p.71)してくれると言っています。（訳注：下記「**現われる**」はDISCLOSE）。

			・	・	・	神	は	、	心	か	ら		
													。

(A.A., p.83, 12〜14行)

　私たちが神の導きを求めるとき、私たちは、自分の空想を超えた「**新しい力と平和と…方向感覚**（direction）」(p.74)を見つけます。これについては来週学びますが、神は私たちに「**霊感や直感的な考え、あるいは決断**」(p.124)を通じて直接語りかけてくれます。

　101ページの最後の２行にも、双方向の祈りについて書いてあるのを見つけました。

			・	・	・	黙	想	の	な	か	で		
													。

(A.A., p.101, 14〜15行)

　具体的な問いかけをすれば、具体的な答えが受け取れます。102ページの最後の段落の途中からです。（訳注：下記「**導き**」はGUIDANCE）。

　　　　　・・・私たちは正しい　　　　、

(A.A., p.102, 11〜12行)

　これは、「ビッグブック」のなかで**「祈りと黙想」**について述べた一部にすぎません。でも、初めはこれで十分ですよね。**「霊的な世界」**^(p.75,「霊的なこと」)を生きて行くために、何をすれば良いのか分かりましたね。

　自分なりに理解した神と意識的な触れ合いをするために、もう少しお伝えしたいことがあります。1930年代の終わり頃、ドクター・ボブの友人が『神の意志を知るには』（*How to Listen to God*）という題の小論を書きました。これは私たちの知る限り、ステップ11のいちばん明確な実践方法です。

　この4ページのパンフレットについて簡単に案内します。これには、**「霊的な生き方に関心がある人なら誰でも」**^(p.233)使うことができる、普遍的な霊的原理が書いてあります。こうしたガイドラインに沿って、毎日黙想することを提案します。次のセッションでは、これを行うと何が起きるのか、説明します。

　このパンフレットの最初の文章に、**「祈りと黙想」**が人生を変えると書かれています。

> これは、自分も試してみたいという意欲を持った人のための、いくつかの簡単な提案である。あなたは、人類がいままで見つけたどんなことより重要で実際に役に立つことを、自ら発見するだろう——それは、どうやって神と触れ合うか、である。
>
> 必要なのは、**まじめにやってみようという意欲**だけだ。継続的に、そして誠実に取り組めば誰でも、それが実際に役に立つことを知るだろう」

(『神の意志を知るには』, p.1)

私たちの経験では「**正しい態度で実行すれば**」(p.123)、双方向の「**祈りには効果がある**」(p.123)ことがわかりました。時間と練習を重ねれば、それが「**次第に心のなかで大きな流れになっていく**」(p.125)でしょう。

1ページ目の最後に、「静かな時間」（黙想）のやり方の指示があります。

> 誰でも、どこでも、いつでも、神と触れ合うことができる。**そのためには、私たちがこの条件に従いさえすれば良い。**
>
> その条件とは：
> － 黙って、静かにじっとする
> － 耳を傾ける
> － 浮かんできた考え一つひとつを誠実に
> － それが神からきたものかテストして確かめ
> － それに従う

(『神の意志を知るには』, p.1)

パンフレットの残りのページで、やり方を細かく説明しています。2

ページ目の中ほどでは、浮かんだ考えやアイデアを書きとめるように提案しています。

> **書く！**
> この手順全体にとって大切なことは、浮かんできたすべてを書き留めることだ。**何もかも**。書き留めるのは、後で思い出せるようにするための手段だ。

(『神の意志を知るには』, p.2)

3ページ目では、それが神の導きか、自分の意志によるものか、区別する方法を説明しています。

> **テストする**
> 書き留めたことをよく検討する。**思い浮かんだ考えがすべて神からきたものとは限らない**。だから、考えをテストしなくてはならない。書いて記録しておけば、ここで検討する役に立つ。
> A）その考えは、完全に**正直で、純潔で、無私で、愛**あるものか？
> B）その考えは、家族や自分の属する集団に対する義務と一致しているか？
> C）その考えは、私たちの霊的な書物の教えについての自分の理解と一致しているか？

(『神の意志を知るには』, p.3)

このパンフレットの著者は、私たちが得た導きを、「正直」、「純潔」、「無私」、「愛」という四つの規範を使ってテストするように言っています。このテストは、書きとめたことが、神の意志なのか、それとも自分

の意志なのか、区別を付けるのに役に立ちます。

次に、私たちが書きとめたことを確認するように言っています。その確認は、スポンサーかシェアリング・パートナーとするのが良いでしょう。

> **確認する**
> 　考えが疑わしいときや、大事なことについては、その考えや行動について、同じように双方向の祈りを使って生きているもう一人の人の考えを聞くことだ。窓は一つより、二つあった方がより多くの光が射し込む。その人が神の意志を求める人であれば、あなたがもっとはっきりと見る手助けができるだろう。
> 　あなたが書いたことについて話し合う。多くの人たちがそうしている。どんな導きを得たか、お互いに話し合っている。それが一体性をもたらす秘訣である。どんな問題にも三つの側面がある。あなたの側、私の側、そして正しい側である。導きは、何が正しい側なのか示してくれる――が正しいかではない、何が正しいかである。

(『神の意志を知るには』, p.3)

そして、多くの人にとって、いちばん難しい部分を説明しています。

> **従う**
> 　その考えを実行に移す。実際にそれをやり通さなくては、導きについて自信を得ることはできない。船が動き出すまで舵は役に立たない。あなたが従えば、その結果はしばしばあなたが正しい軌道に乗っていることを確信させてくれるだろう。

(『神の意志を知るには』, p.3)

ステップ5・6・7・8・9

　思い出してください。神は私たちに自由な意志を与えました。だから私たちには、神から導きのメッセージを受け取ら**ない**自由も、従わ**ない**自由もあります。しかし、私たちの人生に対する神の意志に従わないことを選ぶなら、その結果どうなるか覚悟しなくてはなりません。

　黙想のあいだにはっきりとした考えを受け取れないときは、何かの取り組みが必要だというしるしです。おそらく、「**自分のなかに、生きていくうえでの障害となってきたもの**」^(p.92)がまだあるのでしょう。

障害

　耳を傾けてもはっきりとした考えを受け取れない時もあるが、それは神の落ち度ではない。

　通常それは、**する気のないこと**が何かあるからだ。

- 暮らしの中で何かの過ちをごまかして、正していない
- 何かの悪癖や無節制をやめていない
- 誰かを許していない
- 誰かと誤った関係を続けている
- 何か償いをしていない
- すでに神から与えられた導きに従う気になれていない

（『神の意志を知るには』、p.3~4）

　このリストにざっと目を通しましょう。ここに書いてあるのは、「ビッグブック」で棚卸しから埋め合わせのプロセスの一部として説明されていることです。あなたが、徹底して正直にステップ4からステップ9まで取り組んだのなら、自分なりに理解した神との双方向の関係を打ち立て、その関係を続けることを邪魔する障害物は取り除けているはずです。

さて、これで今週の宿題が二つになりました。一つは、あなたが傷つけた人たちに埋め合わせを始めること。もう一つは、「**祈りと黙想**」の毎日の実践を始めることです。あなたが得た導きを書き留め、それをスポンサーかシェアリング・パートナーと話し合ってください。来週のミーティングにはそのメモを持ってきてください。

> 誰でも、どこにいても使える一つの生き方がある。誰でも、どこでも、いつでも、神と触れあうことができる。**そのためには、私たちが神の条件に従いさえすれば良い。**
>
> **人が耳を傾ければ、神は告げる。**
> **人が従えば、神は叶える。**
>
> **これが祈りの法則である。**

(『神の意志を知る』, p.4)

埋め合わせをすることで、他の人とのあいだにできていた壁を、和解のための橋に変えることができるでしょう。自分なりに理解した神に耳を傾けることで、人生を変える「**強さ、霊感、導き**」(p.123)が与えられるでしょう。奇跡が起きるまでもうすぐです。次のセッションでは将来に目を向けます。

では質問はありますか？

第5章

セッション#4 ステップ１０・１１・１２

　1946年の秋のAAビギナーズ・ミーティングへの旅も４回目になりました。このセッションでは、時間を割いて、自分なりに理解した神と双方向のコミュニケーションをした結果を分かち合いましょう。私たちが**「自分の意志で突っ走ろうとする人生」**(p.87)から、**「心に描く神の意志」**(p.123)に導かれる人生に移っていくにつれて、**「霊的変化」**(p.xxxvi (36))を経験していきます。

　12ステップは謎めいたものではなく、本当はこんなにもシンプルで分かりやすいものだと紹介してきました。今夜このステップをやり遂げる皆さん、これまで素晴らしい努力をされました。**「霊的な光」**(p.96)の中へようこそ。

　スピリチュアル（霊的）に調和が取れた状態を保っていくには、他のアルコホーリクの手助けをしなければなりません。ニューカマー（新しい人たち）を手助けするには、その人たちが飲酒の問題のスピリチュアル（霊的）な解決を見つけられるように、12ステップを通じてその人たちを手助けするのがいちばんです。

　忘れないでください。回復は継続していくプロセスです。12ステップを一度だけやって、**「自分の力で良くなったのだ」**(p.123)と思ってはいけません。**「アルコールは巧妙な敵」**(p.123)です。このことも忘れないでください。私たちは繰り返し、繰り返し12ステップに取り組んで、**「霊的な状態を保ち続け」**(p.123)ていくのです。

ですから、このビギナーズ・ミーティングの次のシリーズにもぜひ参加してください。そうすればきっと、「ビッグブック」の内容への洞察がさらに深まり、「**どんな力でも持っている存在**」(p.85)との関係を強めることができるでしょう。

* *

1時間のAAビギナーズ・ミーティングの4回目へ**ようこそ**。今回は結果を受け取ります。私たちがこれに取り組んできたのは、「**絶望的に思えた精神と肉体の状態**」(p.xvii (17))であるアルコホリズムから回復するためでした。12ステップに取り組むことで、私たちはスピリチュアル（霊的）な目覚めを体験し、それによって「**新しい自由、新しい幸福**」(p.120)に導かれます。

AAメンバーの＿＿＿＿＿です。AAメンバーの＿＿＿＿＿です。人生を変えてくれるこのプロセスの中で役割を与えられたことは、私たちの喜びです。目の前で、人々がスピリチュアル（霊的）に成長していく姿が見られるのですから。

(**オプション：**ニューカマーの人で、今夜スポンサーあるいはシェアリング・パートナーがいない人はいませんか？　いらしたら立っていただけますか。今後のセッションで皆さんを手助けする人を決めないといけません。　［ボランティアの人に立っている人の手助けを頼む］　ありがとうございます。では座ってください)

さあ、「ビッグブック」に書かれた「**四次元の世界**」(p.12, 37)に打ち上げられる準備ができた人は誰でしょうか。ステップ1からステップ8を終えて、ステップ9の埋め合わせに取り組んでいる人は、どうぞ立って下さい。

ありがとうございます。どうぞ、座ってください。なかには自覚のない人もいるかもしれませんが、皆さんは**「アルコホリズムからの回復をもたらすに十分なほどの人格の変化」**(p.266/570)のプロセスを経験しているところです。

私たちは、皆さんに、自分なりに理解した神の導きに人生をゆだねることをお薦めします。今こそ、新しい「神の概念」を発展させていく時です。私たちは、ステップ10、11、12に毎日取り組むことで、それを行います。

ステップ10は、ステップ4から9を毎日繰り返すことです。ステップ11では、祈りと黙想によってスピリチュアル（霊的）なつながりを強めていきます。ステップ12は、この命を救うメッセージを他の人に伝える方法を教えてくれます。では、ステップ10から始めましょう。

ステップ10　自分自身の棚卸しを続け、間違ったときは直ちにそれを認めた。

ステップ1と2と3で、私たちは決心をして、スピリチュアル（霊的）な道を歩み始めました。ステップ4から9で、自分なりに理解した神と私たちを隔てているものを取り除くために必要な行動を行いました。これで、約束されたスピリチュアル（霊的）な目覚めに向かって成長する準備が整いました。

ステップ10のキーワードは「継続」です。「ビッグブック」の121ページの真ん中の段落では、ステップをやり続けることの重要性を強調しています。

Back to Basics

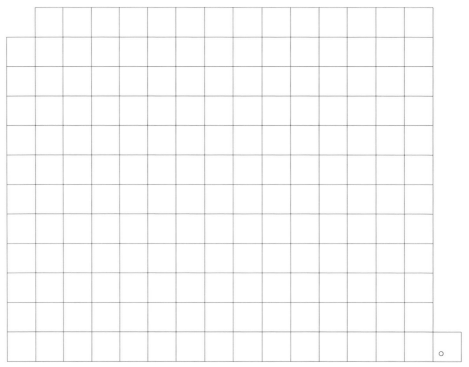

（A.A., p.121, 8~12行）

　この段落では、私たちが「今日一日」をどうやって生きていくのか説明しています。これが「24時間プラン」と呼んでいるものです。私たちは毎日、棚卸しを続け、埋め合わせを続け、他の人を助け続けます。

　この段落の途中に、とても大切なことが書いてあります。「**私たちは霊的な力の中に入った**」という部分です。

　この文章は、驚くべきことを私たちに教えてくれます。つまり、「ビッグブック」によれば、ステップ1から9に取り組んだ結果として、私たちの人生はもうすでに作り変えられている、というのです。私たちの**「生き方、考え方が、革命が起こったように変わった」**[(p.74)]と言っています。

ステップ 10・11・12

　これはどういうことでしょう？　実はとてもシンプルなことです。ニューカマーの人は、**「神の助け」**(p.64)なしに、ここまでのステップをやってくることはできなかったはずです。皆さんは、自分なりに理解した神を信じることにしただけでなく、棚卸しから埋め合わせまでのプロセスを神の力を頼ってやり遂げてきたのです。つまり、もう解決の中で生きているのです。

　先ほどの続きです。スピリチュアル（霊的）なつながりを保っていくにはどうすれば良いか、簡単に述べています。

　　　　・・・わがまま、不正直、

(A.A., p.121, 12行〜p.122, 1行)

　「ビッグブック」のなかで、自分の意志をテストするAAのやり方が

出てくるのは、この段落が2回目です。2週間前、このテストを使って、ステップ4の棚卸表の負債の側をチェックし、埋め合わせする必要があるかどうか判断するやり方を説明しました。ステップ10でも、同じテストを使うように言っていますが、日々の棚卸し用は少し違っていますね。「**わがまま（利己的）、不正直、恨み、恐れをチェックする**」とあります。

「ビッグブック」は、私たちがこうした自己中心的な行いから解放されるにはどうすれば良いか、具体的な指示を与えています。まず、そうした短所は私たちの人生に対する神の計画と一致しません。そのことを意識する必要があります。次に、私たちは自分の意志から神の意志へと移るのに必要なステップに取り組みます。自分の短所をスポンサーあるいはシェアリング・パートナーと分かち合い、「**どんな力でも持っている存在**」(p.85)に短所を取り除いて下さいと祈り、必要であれば「**犯した過ちを正し**」(p.110)ます。そして、誰か他の人の手助けをします。

「ビッグブック」は、私たちがこの「**行動の道**」(p.208, 230)を毎日歩き続けるなら、アルコールへの強迫観念が取り去られると述べています。ビッグブックのあちこちに約束がありますが、これもその一つです。122ページの2行目からです。

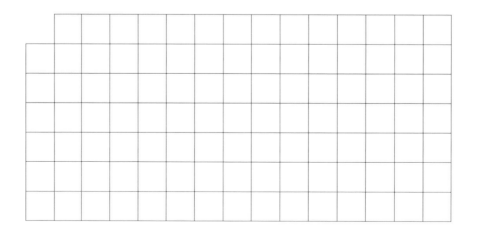

ステップ 10・11・12

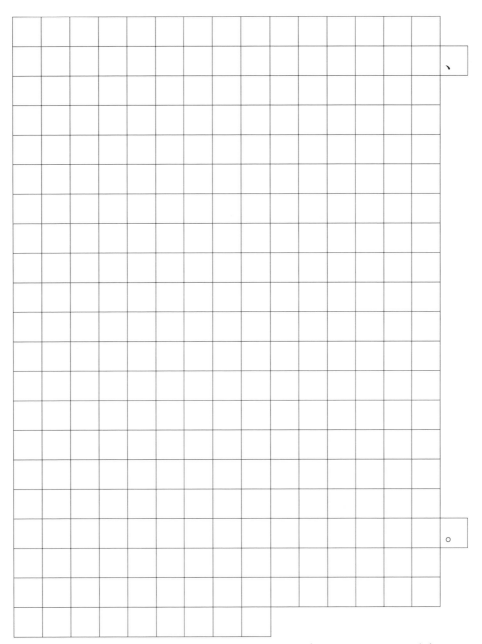

（A.A., p.122, 2〜12行）

　「**霊的な状態を保ち続け**」(p.122)るにはどうしたらよいでしょう？ それには日々の棚卸しをすることです。その見返りはなんでしょうか？ それは「**毎日の執行猶予**」(p.123)です。

Back to Basics

「ビッグブック」の122ページの後ろから3行目に、「毎日の執行猶予」について書いてあります。

(A.A., p.122, 13行~p.123, 3行)

もう一つの見返りは「神意識」、つまり**「宇宙の持つ霊的な力」**(p.15, 68, 76, 108)と直接のつながりを持てるようになることです。次の段落です。

ステップ 10・11・12

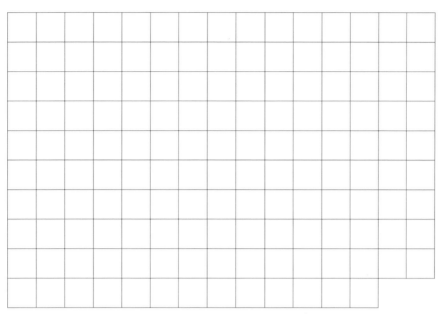

(A.A., p.123, 6~10行)

　ここでも、私たちの人生がすでに変わっている、と断言しています。私たちは**「いま神がここにいるという思い」**^(p.74, 82)を持つようになっています。回復のプロセスを続けていくと、**「自分を超えた偉大な力」**^(p.66, 68, 80, 85, 267/571)が私たちの考えと行動を導いてくれ、私たちの**「大切な直感」**^(p.123)——つまり洞察を与えてくれる第六感が強まります。

　さて、ステップ10に取り組む準備ができた人はいますか？　その指示は121ページの真ん中あたりにあります。

　　　　・・・自分の棚卸しを　　　　、

(A.A., p.121, 8~9行)

　ステップ8までを済ませていて、いまステップ9の埋め合わせに取り

組んでいる人は、どうぞ立って下さい。これがステップ10の質問です。

「あなたは、自分の棚卸しをし続け、誤りを犯したときは、すぐにそれを正していきますか？」

では、一人ずつ、「はい」か「いいえ」で答えて下さい。答えたら座って下さい。

［ニューカマーそれぞれが質問に答える］

ありがとうございます。

「ビッグブック」によれば、この質問に「はい」と答えた人はステップ10を済ませました。

では、ステップ11に進みましょう。

ステップ11　祈りと黙想を通して、<u>自分なりに理解した</u>神との意識的な触れ合いを深め、神の意志を知ることと、それを実践する力だけを求めた。

これは前回のセッションで下準備をしたステップです。私たちはこれから**「祈りと黙想」**のもっと細かなところを扱います。先週からステップ11を実践して、神から受け取った導きを、一人ひとりが分かち合う時間を設けます。

ステップ11の説明は、123ページから127ページにあります。ですが、

ステップ 10・11・12

先週ご紹介したように、「ビッグブック」の全体のあちこちに、双方向の祈りについて書かれています。

　123ページの11行目から。ステップ11を習慣として行うようにアドバイスがあります。

（A.A., p.123, 11~13行）

「**祈りと黙想**」によって、私たちは「**自分を超えた偉大な力**」と直接触れ合うことができます。皆さんが先週から祈りと、「**全知にして全能**」(p.123)の源に耳を傾けてくださったならいいのですが。

　123ページの13行目には、こうあります。

··この課題をあいまいに

（A.A., p.123, 13~14行）

そして、「ビッグブック」には、双方向の祈りを行うためのやり方が、順番に説明してあります。最初が夜、次が朝、そして一日を通してです。

夜、私たちは一日の活動を振り返ります。123ページの最後の行からです。

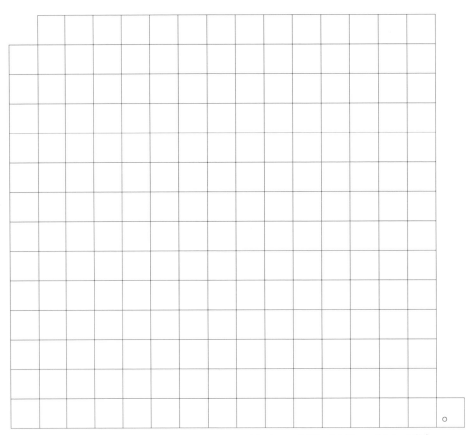

(A.A., p.123, 15行〜p.124, 5行)

自分の意志をテストするAAのやり方が出てくるのは、この段落が3回目です。「ビッグブック」のステップ4やステップ10の時に書いてあったテストとは、少し違っています。ではあるのですが、これも反対側は、神の意志をテストする四つの規範です。

ステップ 10・11・12

自分の意志	神の意志
恨み	純潔
自分勝手（利己的）	無私
不正直	正直
恐れ	愛

　私たちは、朝の黙想でも、導きをチェックするのにこのテストを使っています。

　124ページの真ん中の段落です。ここに、「静かな時間」を持つ、という指示があります。

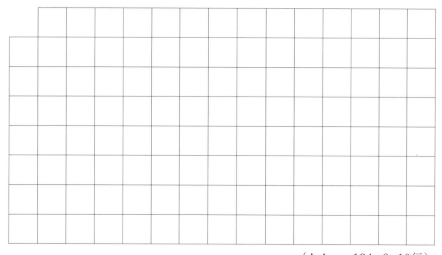

(A.A., p.124, 8~10行)

　三つめの文を見てみましょう。「**取りかかる前に、神に私たちの考えに導き（direction）を与えてくださるように求める**」とあります。この言葉に集中しましょう。これはとても大切なことです。「**取りかかる前に**」。何に取りかかる前でしょう？　それは、神の声に耳を傾ける前に、です。どうして、そうだと言えるのでしょう。なぜなら、すぐ続いて

「神に私たちの考えに導きを与えてくださるように求める」とあるからです。私たちが、神に私たちの考えを導いてくださるように求めるなら、その後に浮かんでくる私たちの考えやアイデアは、神から与えられたものになるはずです。では、浮かんできた考えやアイデアをどうするのでしょう？　私たちはそれを書き留めます。なぜ書き留めるのか。それは忘れないようにするためです。

　導きを紙に書いた後は、それを自分の意志をテストするAAのやり方でチェックします。黙想の時間に受け取ったものが、すべて神から来ているとは限りません。だからチェックが必要です。それでも、時間と練習を重ねることで、私たちの**「大切な直感」**(p.123, 旧訳「第六感」)が信頼できるものになっていきます。125ページの２行目から説明があります。

		・	・	・	か	つ	て	は	直	感	と	か	

ステップ 10・11・12

(A.A., p.125, 2~7行)

　1934年の12月には、ニューヨークにいたビル・Wは、「正直」、「純潔」、「無私」、「愛」という四つの規範を使って、彼が得た導きをチェックしていました。第一章20ページの6行目です。

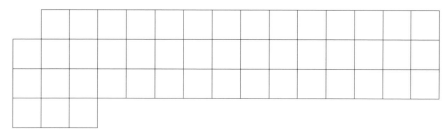

(A.A., p.20, 6~7行)

　ビルにとって「**常識**」とは、問題から逃れるためにアルコールを使うことでした。また「**非常識**」とは、飲まずにいて、困難に対して神の導きを求めることでした。神の声に耳を傾け、導きに従った直接の結果として、ビルの人生は変わったのです。

　1939年に「ビッグブック」を書いた人たちは、私たちが考えること、言うこと、することをチェックするために、四つの規範の反対側を作りました。日々の黙想についても、どうやればうまくいくのかがここに書いてあります。「静かな時間」を終えたら、紙に書き出したものをチェックします。

　私たちが書き留めたことが「正直」で、「純潔」で、「無私」で、「愛」あるもの、この**すべて**に当てはまったなら、その考えやアイデアは神の意志によるものでしょう。反対に、書き留めたことが、「不正直」、「恨み」、「利己的」、「恐れ」の**どれか**に当てはまったなら、同じように、そ

の考えやアイデアは、自分の意志によるものでしょう。

「ビッグブック」には、「静かな時間」のあいだに、私たちの問いかけへの答えが得られるだろうと書かれています。124ページの最後の2行からには、私たちが助けを求めると、**「全知にして全能」**(p.123)である神がどう応えてくれるのか描かれています。

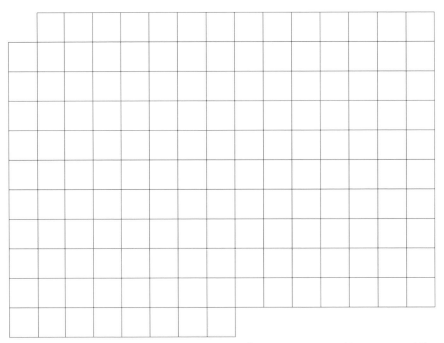

（A.A., p.124, 14行~p.125, 2行）

ですから、「ビッグブック」によれば、神は**「霊感や直感的な考え、あるいは決断」**を通して私たちとコミュニケーションします。**「内的な資源」**(p.267/571)が**「正しい答え」**を私たちに与えてくれるのなら、それをメモして、あとで見直すのが良いアイデアです。

私たちは、一日の活動すべてを導いてくださるよう神に願って**「黙想と祈り」**の時間を終えます。125ページの真ん中の段落です。

ステップ 10・11・12

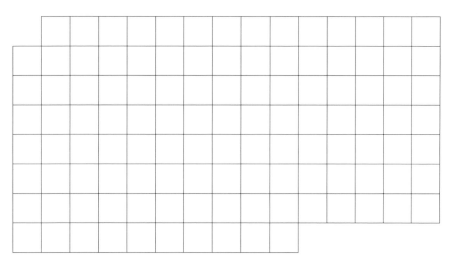

（A.A., p.125, 7〜9行）

　一日の中で、トラブルに遭ったり、混乱した時はいつでも、私たちはリラックスして、神の導きを求めます。126ページの5行目からです。

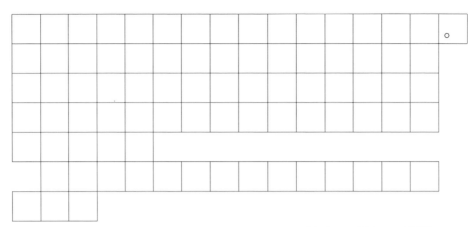

(A.A., p.126, 5〜12行)

　はっきりと言っています。「**効果がある！**」と。実際の経験として、この双方向の祈りは、私たちが「静かな時間」（黙想）を始めてからずっと効果が続いています。

　けれど、神から何も考えやアイデアを受け取れないときには、どうしたらいいのでしょう。これも実際によくある事なのです。思い出してください。私たちは誰もが、「**霊的な状態をきちんと維持するという条件で、毎日執行を猶予されているだけ**」(p.122)なのです。もし、「**いま神がここにいる**」(p.74, 82)と感じられないのなら、それは、何かをしなければならない、ということです。おそらく、生活のどこかの部分で自分の意志を取り戻しているのか、必要な埋め合わせをしていないのでしょう。そんな場合には、もう一度「**全知にして全能なる**」(p.123)神とつながるための行動をしましょう。

　126ページの後ろから3行目からです。ここでも、私たちには神の助けが必要だと述べています。

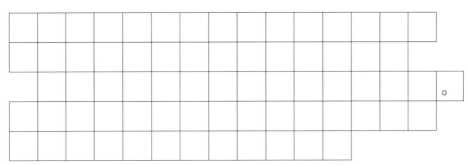

(A.A., p.126, 13行～p.127, 1行)

　この双方向の祈りが効果を上げるためには、神の存在のなかで私たちは絶えずこれを実践しなければなりません。私たちが実行すれば、見返りを受け取れるでしょう――見返りとは、「**力と平和と…方向感覚（direction）**」(p.74)で満たされた人生です。

　ステップ11の説明を終える前に、いま、私たち一人ひとりが「**宇宙の持つ霊的な力**」(p.15, 68, 76, 108)と触れ合って、導きを得られるように、しばらく沈黙の時間を持ちましょう。この「静かな時間」のあいだに浮かんだ考えやアイデアをメモに書き留めるようにしてください。

　［3分間の沈黙］

　ありがとうございます。前回のセッションの終わりに、今週までのあいだに黙想をして、得た導きを紙に書き留めてくるようにお願いしました。そうした考えやアイデアは、とても個人的なもので、本来スポンサーやシェアリング・パートナーと話し合うものなのは承知しています。ですが同時に、皆さんが書き留めたことが、神の意志のテストを通過したならば、それは他の人にも役に立つものでしょう。だから、このグループの中で分かち合ってくださるようにお願いします。それに加えて、ステップ11でまだ苦労している人たちに「**神は私たちに絶えず、少しずつ、もっと多くのことを示してくれる**」(p.239)という様子を紹介する

ことで、その人たちの助けになれるでしょう。

　どなたか、この一週間の、あるいは先ほどの「静かな時間」のあいだに書き留めたことを、分かち合ってくださる人はいませんか？

　［10分か15分ほど、双方向の祈りを実践している人たちが**書き留めた**導きを分かち合う］

　ありがとうございました。神の導きを分かち合ってくださった人たちも、またその分かち合いを聞いた人たちも、これでステップ11を終えました。これで、ステップ12に進むことができます。

ステップ12　これらのステップを経た結果、私たちは霊的に目覚め、このメッセージをアルコホーリクに伝え、そして私たちのすべてのことにこの原理を実行しようと努力した。

　今、私たちは自分なりに理解した神と意識的な触れ合いを持つようになりました。私たちは、このプログラムの最も素晴らしい贈り物を受け取りました——それはスピリチュアル（霊的）な目覚めです。神は私たちを「**奇跡としか言いようのない方法**」(p.38)で導いてくれます。

　このように人生を変える経験が、突然訪れる人もいますし、ゆっくりとやってくる人もいます。266ページ（ハードカバー版は570ページ）の付録Ⅱを読むと、この驚くべき「**考え方や態度の全面的な変化**」(p.208)についてもっと詳しいことがわかります。

ステップ 10・11・12

　この付録は、1939年に「ビッグブック」の初版初刷(しょずり)が出版された後に書かれたものです。初版の初刷では、ステップ12はこうなっていました。

これらのステップを経た結果、私たちは霊的な体験をし、…

　初刷から二刷までの2年ありましたが、その間、この「**体験**」という言葉が長々と議論されました。そして結局、「**体験**」が「**目覚め**」という言葉で置き換えられました。それは、変化にある程度長い時間がかかった人たちも、突然変化した人たちと同じように本当に人生が変わったことを示すために、この変更が行われたのです。

　皆さんのほとんどは、こちらに当てはまるでしょう。皆さんの人生は変わった。それは突然ではなく、ゆっくりとした変化だったはずです。はっきりとした体験をして変化が起きたわけではないでしょうが、それでも確かにスピリチュアル（霊的）な目覚めは起きているのです。

　266ページ（ハードカバー版は570ページ）の1行目から、「**霊的体験**」と「**霊的目覚め**」について説明しています。

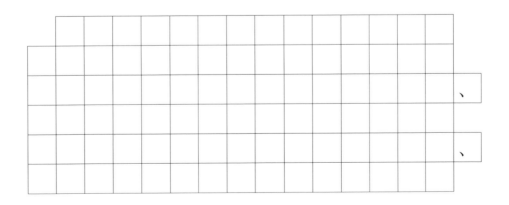

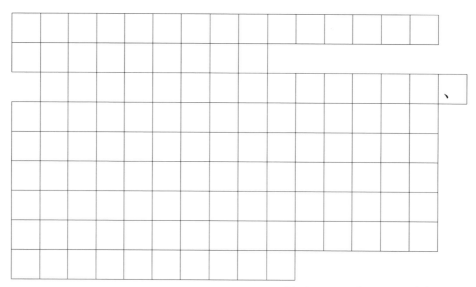

(A.A., p.266/570, 1〜6行)

　スピリチュアル（霊的）な目覚めとは「**霊的変化**」[p.xxxvi (36)]そのものです。それは飲酒への強迫観念を取り除いてくれます。ビル・Wがタウンズ病院に入院中に体験した突然の宗教的体験は、それが普通ではなく、むしろ例外的なことだったのです。

　266（570）ページの最終行から、ゆっくりとした霊的体験について述べています。

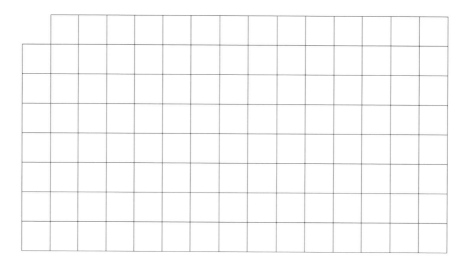

ステップ 10・11・12

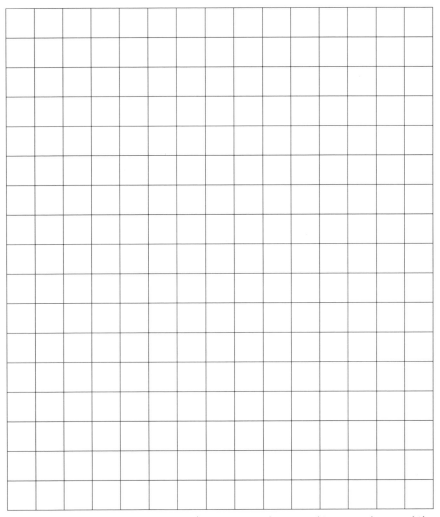

(A.A., p.266/570, 11行~p.267/571, 9行)

　後ろのほうにこう書いてあります。「**何年もの間、自己を鍛練してやっと得られるようなものが、ほんの二、三ヵ月で現れる**」。「ビッグブック」でははっきり言っています。あなたがステップに取り組んで、そして12ステップを通じて他の人たちを助けていれば、「二、三ヵ月で」回復するだろうと。

　最初の1ヵ月で、この経験をする人も少しはいます。ですが、その他の人たちは、すぐには変化を感じられないでしょう。ですが皆さんも、

177

Back to Basics

　このやり方を繰り返し、繰り返し続けていけば、そのうちにきっとスピリチュアル（霊的）な目覚めをゆっくりと経験するでしょう。

　これは「ビッグブック」に書いてある約束の中でも、いちばん素晴らしい約束ではないでしょうか。考えてみてください。どんなに困難な状況にある人でも、これに取り組めば、90日ほどで飲酒の問題を克服できるのです。

　先ほどの続きを読んでいくと、スピリチュアル（霊的）な目覚めを体験するのは、それほど難しいことではないことがわかります。

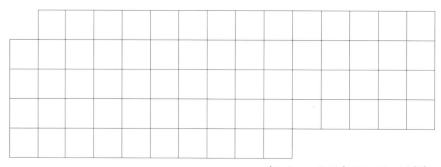

（A.A., p.267/571, 10~11行）

　これがすべてです。あなたが自分なりに理解した神と意識的な触れ合いをして、神の導きに耳を傾け始めたなら、それはあなたに**「霊的変化」**[p.xxxvi (36)]が起きたということです。あなたはもう**「霊的な光」**[p.96]の中で生きているのです。

　では、このスピリチュアル（霊的）な変化を維持して行くには何をしたら良いのでしょう。第七章全体がAAのメッセージを他の人に運ぶことについてです。128ページの先頭からです。

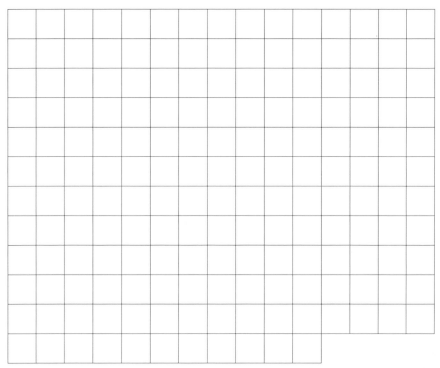

（A.A., p.128, 1~5行）

他の人に働きかける時、**私たち**の人生が変わります。次の段落にはこうあります。

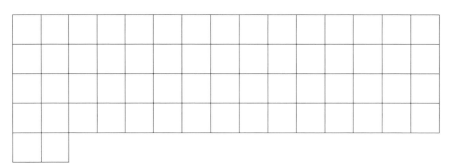

（A.A., p.128, 7~11行）

「ビッグブック」の128ページから150ページにかけて、回復のメッセージを他のアルコホーリクに運ぶにはどうすれば良いか、具体的なやり方を提供しています。役に立つ提案がたくさんあります。いくつか紹介しましょう。

129ページの真ん中の段落です。

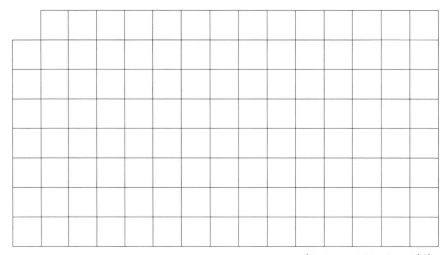

（A.A., p.129, 8~10行）

131ページの最後の2行から。どんな話をすれば良いか具体的な指示があります。まず「**自分の話**」^(p.84, 107, 108)から始めるのです。

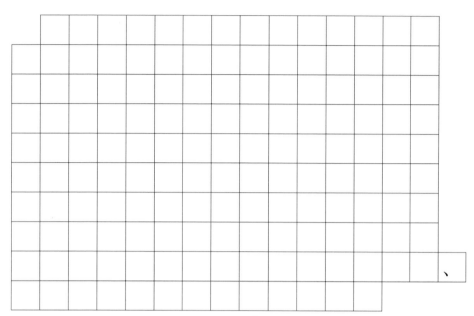

(A.A., p.131, 14行~p.132, 2行)

その次に、私たちがどうやって回復したかを説明します。135ページの最後から2行目からです。

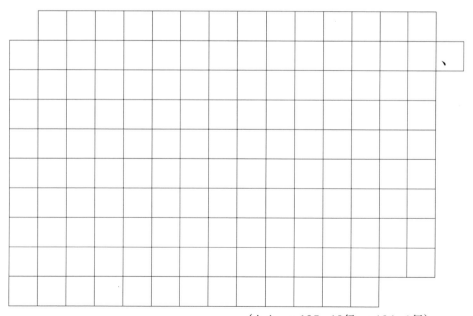

(A.A., p.135, 13行~p.136, 1行)

Back to Basics

　137ページの真ん中当たり、9行目の下からです。相手には敬意を持って接するようにと言っています。

```
　　　　・・・決してアルコホーリク
に
```

（A.A., p.137, 9～14行）

　もし、その候補者にうまく伝えることができなかったとしても、諦めることはない、と励ましてくれます。138ページの最後の2行目からです。私たちは種をまいて、次に行けば良い、とアドバイスがあります。

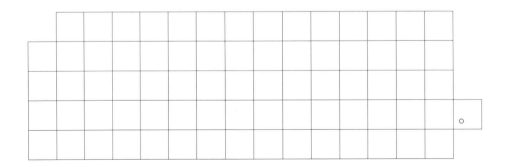

ステップ 10・11・12

（A.A., p.138, 14行~p.139, 4行）

142ページの3行目の下から。次から次へと酒をやめられない言い訳をする人をどうすれば良いかです。

彼はあれやこれやと・・・

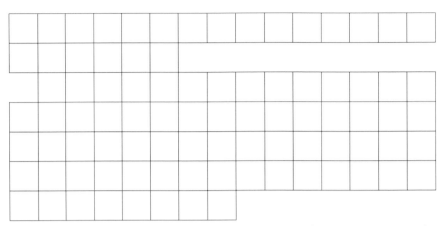

（A.A., p.142, 3~9行）

「神を信じ、自分の大掃除をする」・・なんてシンプルなんでしょう。

124ページの最後の段落です。ニューカマー（新しい人）と一緒に取り組むとき、私たちはスピリチュアル（霊的）に成長できるとあります。

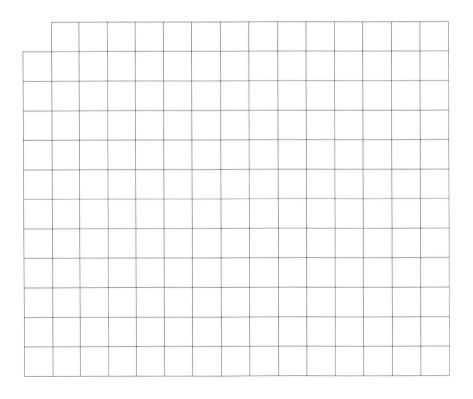

ステップ 10・11・12

(A.A., p.144, 12行~p.145, 1行)

91ページに、神が私たちの「**新しいボス**」（雇い主）だとありました。148ページの真ん中の段落には、私たちのこれからの仕事の説明があります。

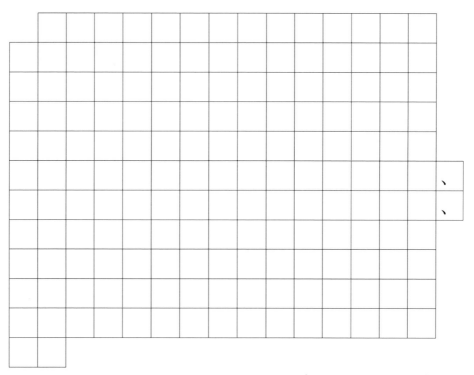
(A.A., p.148, 8~12行)

これが「ビッグブック」のステップ12の説明の結論です。神の導きに従ってAAのメッセージを運ぶ時、「**宇宙の持つ霊的な力**」(p.15, 68, 76, 108)はあなたを安全に守ってくれるでしょう。さらに、導きに従っていけば、「**神と自分のまわりの人たちに対してできるかぎりの奉仕ができるように、自分をささげること**」(p.110)ができるでしょう。

私たちが成長を続け、ソブラエティを維持していくには、まわりの人たちに奉仕することが決定的に重要です。私たちにとって、いちばん基本的な奉仕（サービス）は、12ステップを通してニューカマー（新しい人）を手助けすることです。このことを忘れないでください。それに取り組むと、いつでも、私たちはこの命を救うプログラムについてより深く学べます。また、私たちの新しい生き方の核心にいる「**全能の創造主**」(p.234)についての洞察が得られます。

おそらく2ヵ月後には、皆さんの中の誰かが、このセッションのリーダーをやるようになっているでしょう。私たちの経験では、このビギナーズ・ミーティングを開くのは、**私たち**がどれほど「ビッグブック」を理解しているかを試す機会になります。

さあ、あとはこうした原理を毎日使っていくだけです。原理とは何でしょうか？　原理とは、アルコホーリクス・アノニマス（AA）の12のステップのことです。私たちは、この後の人生を「**霊的な光**」(p.96)の中で生きていくために、その原理を頼りにしていきます。

さあ、他の人と一緒に取り組む、という約束をする時が来ました。ステップ11まで終えた皆さん、どうぞ立ってください。これがステップ12の質問です。

「あなたは、このメッセージを他のアルコホーリクに伝えますか？」

一人ずつ「はい」か「いいえ」で答えてください。答えたら、座ってください。

ステップ 10・11・12

［ニューカマー一人ひとりが質問に答える］

「ビッグブック」によれば、この質問に「はい」と答えた人は、ステップ12を終えました。これは記念すべき成果です。おめでとうございます。

さあ、いよいよこのセッションも終わりです。最後に回復のプロセスについて読みましょう。まずは、239ページの最後の２行からです。ここでは、導きを受けることの大切さと、他の人と一緒に取り組むことが必要であることを強調しています。

Back to Basics

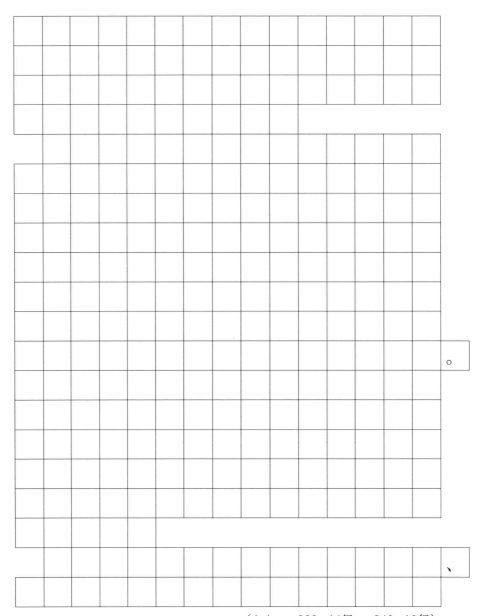

（A.A., p.239, 14行~p.240, 12行）

　もう一つは、37ページの最後の行からです。この二つの段落を読むのを、ここまで延ばしてきました。なぜかというと、この旅を始めた時、おそらく皆さんはこの部分がどれだけ重要なのか理解できていなかったはずだからです。ですが、12のステップに取り組んで、スピリチュア

ル（霊的）な目覚めも体験した皆さんは、この言葉をまったく違う視点から見ることができます。あなたの人生は変わりました。だから、いまは実感できるはずです。そう、**「解決はある」**

・・・私たちは誰も、

Back to Basics

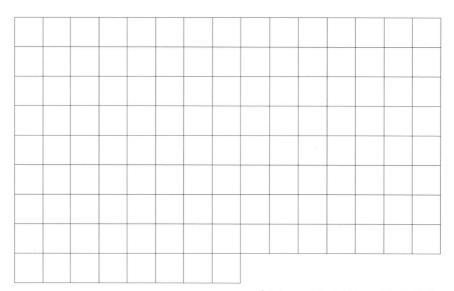

（A.A., p.37, 15行〜p.38, 12行）

　12ステップすべてを終えた皆さん、「**四次元の世界**」^(p.12, 38)へようこそ。今回のスピリチュアル（霊的）な旅の案内役をさせていただいて、ありがとうございました。

　質問はありますか？

　（**オプション**）［すべての質問に答えたら、ミーティングのリーダーはセッションを終える］

　まだ座ったままでいてください。ミーティングを、短い沈黙の時間と、主の祈りで終わりにします。

第6章

いきさつ

　私は本当に恵まれていたと思う。というのも、経験豊富な人物が、私のスピリチュアル（霊的）なガイド役になってくれたからだ。彼は1950年代にこのビギナーズ・ミーティングに参加していただけでなく、その後の40年間のほとんどをこの「本来（オリジナル）」のフォーマットに沿ってワークショップを開いてきた。彼はビギナーズ・ミーティングがどのように効果をもたらし、なぜうまくいくのかについて、詳細な洞察を提供してくれた。それだけでなく、この4回の1時間セッションを再現しようという私の試みを、最初の頃から批評してくれた。

　彼は私に「セッションについてしゃべるのはもう止めて、それを実際にやってみるべきだ」と言った。「2年間も研究したのだからもう十分だろう。必要なのは行動だ」。こうして私は意欲を駆り立てられ、ビギナーズ・ミーティングを始めた。それが1995年のことだった。

　「君はそろそろ学んだことを試してみなくちゃならない。飛行学校を出て、飛行機を飛ばす時が来たんだ」というのが彼の言葉だった。

　AAに来る前は人前で話すことに根深い恐れを持っていた私にとって、それはぞっとするような提案だった。だが、私はその恐れを通り抜け、導きを求めて祈りながら一歩一歩進んでいった。私の前で、人々がアルコホリズムから回復していった。その回復を目の当たりにした私は、神が**「奇跡としか言いようのない方法」**(p.38)で私たちを導いてくださることに確信がますます強くなった。

　こうして最初の「単独飛行」を終えた時、かつて彼から聞いた言葉が

深く納得できた。「ビッグブックを理解する唯一の方法は、それを他の人に教えてみることだ」。この優れた回復の教科書からさらに多くのことを学ぶ経験は、その後もずっと続いている。

このように、私にビギナーズ・ミーティングを復活させる導きを与え、「背中をひと押し」してくれたのは、私のスピリチュアル（霊的）なガイド役だった。だが、他にも私をやる気にさせる出来事があった。それは、私が4回の1時間セッションについての資料を集め始めた頃のことだ。

私はアリゾナ州スコッツデールの土曜晩のミーティングで、AAの歴史について話をしていた。そのプレゼンテーションの中で、イリノイ州シカゴのAA初期メンバーであるアール・Tについて話をした。彼の物語は、「自分を安売りしたセールスマン」（He Sold Himself Short）という題でビッグブックに収録されている（訳注：日本語訳は『アルコホーリクス・アノニマス 英語版 6人の物語』に収録）。アールは彼の回復を語る中で、ある午後に、彼がドクター・ボブとどのようにステップに取り組んだかを述べている。

1938年の2月、イリノイ州シカゴにいたアールは、アルコホリズムから助けてもらうためにオハイオ州アクロンへ行った。8、9人から「教えをたたき込まれた」後で、アールは最初のミーティングに出席した。

この時は、まだAA共同体はできあがっていなかった。AAが大きく発展するのは、後の1939年4月に「ビッグブック」が出版されてからだ。だがこの時点で、すでにビル・Wはオックスフォード・グループの「四つのスピリチュアル（霊的）な行い」に取り組んでおり、アクロンの「アルコホーリック連隊」やニューヨークの「無名の飲んだくれ集団」

いきさつ

のためにそれに手を加えていた。

アール・Tが取り組んだステップはこうだった。

> 私がシカゴに戻らなければならなくなる前の日は、ドクター・ボブは午後が休みだった。彼は私を自分の診察室に招き、三～四時間かけて当時の6つのステップを案内してくれた。その6つのステップのプログラムというのは次のようなものである。
>
> 　1．徹底した自我の縮小　　　［AAのステップ1・2・3］
> 　2．ハイヤーパワーへの依存とその導き
> 　　　　　　　　　　　　　　　［AAのステップ11］
> 　3．生き方の棚卸し　　　　　［AAのステップ4と10］
> 　4．告白　　　　　　　　　　［AAのステップ5・6・7］
> 　5．償い　　　　　　　　　　［AAのステップ8・9］
> 　6．他のアルコホーリクへの継続的な働きかけ
> 　　　　　　　　　　　　　　　［AAのステップ12］
>
> ドクター・ボブは、このステップの全部を案内してくれた。生き方の棚卸しでは、彼は私の欠点、あるいは性格上の特徴として、利己主義、高慢、嫉妬、軽率さ、不寛容、短気、皮肉さ、恨みなどがあると指摘してくれた。私たちはこれらをじっくりと点検し、最後に彼は、これらの性格上の欠点を取り除きたいと思うかと私に尋ねた。私は「はい」と答え、二人して机の前にひざまずき、これらの欠点が取り除かれるようめいめいで祈った。[1]

---

[1] 『アルコホーリクス・アノニマス 英語版 6人のストーリー』（東

ドクター・ボブとアールの二人は、アールの性格上の負債（欠点）を、2～3時間で話し合ってまとめた。これは、ビッグブックの中で、ニューカマーがステップ4と5に相当する部分に一気に取り組んだことを述べている二番目の箇所だ。最初の箇所は、エビー・Tの助けを受けながら、ビル・Wが、降伏（AAのステップ1・2・3）、分かち合い（AAのステップ4・5・6・7）、償い（AAのステップ8・9）、導き（AAのステップ10・11・12）という「四つのスピリチュアル（霊的）な行い」に取り組んだ箇所である［「ビルの物語」p.19~21を参照］。

ドクター・ボブは、アールの棚卸しに資産と負債のチェックリストを使った。この表は1940年代から1950年代にかけてAA全体で使われていた。1938年の時点では、ドクター・ボブのチェックリストには八つの負債（欠点）が載っていた。それは、**利己的**、**高慢**、**嫉妬**、**軽率**、**不寛容**、**短気**、**皮肉**、**恨み**だった。

スコッツデールでの土曜日の夜のミーティングでは、他に、クラレンス・Sという初期のAAメンバーについても取り上げた。彼の物語は「ビッグブック」の第三版に「Home Brewmeister」（自家醸造の大家）という題で載っている。

1938年2月、クラレンスはドクター・ボブの手助けを受けて12ステップに取り組み、アルコホリズムのスピリチュアル（霊的）な解決を見つけた。後にクラレンスは、1940年代初頭のオハイオ州クリーブランドでのAAの爆発的な発展に主導的な役割を果たすことになる。

京：AA日本ゼネラルサービス, 2006）, 29~30

いきさつ

　クラレンスはニューカマーに一回の週末で12ステップすべてに取り組ませていた。彼はそのプロセスを「飲んだくれの治療」と呼び、こう言っていた。「金曜の晩にうちにやってきてステップ１から始めれば、日曜の朝に帰るときには12ステップ全部が済んでいるだろう。だがその後も『治った』状態を保ち続けたければ、ステップ10・11・12を毎日続けなくてはならない」。

　クラレンスは資産と負債のチェックリストを使ってニューカマーのステップを手助けしていた。彼は**AAグレープバイン**誌の1946年６月号に載った17項目の棚卸表を信頼していた。

　スコッツデールでの土曜の夜のミーティングの終わりに、ある男性がやってきて、私に尋ねた。
「ワリー、戸惑っているんだ。私は１万８千ドル払って21日間の治療を受けた。いまそのアフターケアを受けている。さらに個人セラピーと集団療法とAAミーティングにも通っている。どのセラピストも、そしてAAスポンサーも、ステップは１年に一つずつやっていけば良いって言うんだ。
　それだと12ステップ全部を終えるのに12年かかってしまうけど、みんなが言うことをこれまでちっとも疑っていなかったんだ。でも、今夜のあなたの話では、12ステップ全部に取り組むのに２～３時間あればいいそうじゃないか。いったいこれは、どう考えたら良いんだ？」

　私は、回復のコミュニティにいる人たちが、ニューカマーと彼らが必要とする解決の間に、そんな恐ろしい障壁を作ってしまっていることを知ってショックを受けた。それまで、「１年にステップを一つずつ」という話は聞いたことがなかった。

　私はこう答えた。「私にはその人たちの考えは分からない。だが、も

し誰かが1年に一つずつステップに取り組めと私に言ったとしたら、私はステップ2にも届かずに飲んでしまっただろう。君はこう聞いてみるべきだ。『いったい、ビッグブックのどこに、"1年にステップ一つずつ"と書いてあるのですか？』とね。もちろん、そんなことは書いてない。私に言わせれば、ビッグブックに書いてないことならば、それはAAプログラムの一部じゃないってことだ」

私はこの男性の話は珍しい事例だと思っていたのだが、残念なことにこれだけに限らなかった。1993年以来、この「1年にステップ一つずつ」という信条を、いったい何度聞かされたことだろうか。おまけにそれは「最初の1年はステップをやるな」というのとセットになっていた。

私が幸運だったのは、スピリチュアル（霊的）な旅の最初から、「回復のプログラムは、たった一冊の本、**『アルコホーリクス・アノニマス』**つまりビッグブックに書かれている」と聞かされていたことだ。『12のステップと12の伝統』や他の本は補足情報を提供してくれるが、そちらにはどうステップに取り組むのかという具体的なやり方は書かれていない。だから、「ビッグブック」から離れず、毎日それを読みなさいと。

私は、何年もの間、多くの善意の人たちが、ビッグブックのやり方の上に複雑なものを幾重にも重ねているのを目にしてきた。「すべての答え」を受け取って治療施設を終えてきた人たちとも話をした。彼らは、アルコホリズムについて何百ページもある資料をノートに挟み、最初の三つのステップについての作文を抱えて「卒業」してくるのだ。

「本来（オリジナル）」の回復プログラムに立ち戻ろうとするならば、まずは、「本来（オリジナル）」のプログラムがどうだったのか知らねばならない。初期の頃は「シンプルにしよう」（Keep it simple）という言葉は、単なるスローガンではなく、まさに生き方だった。AA共同体が高い成功率を得てい

いきさつ

た初期に、オールドタイマーたちが実際に取り組んでいたAAプログラムは、こんにちの多くのAAメンバーの想像とはまったく違うものだ。

　この本を書くための調査を進めるなかで、私は多くのAAオールドタイマーに話を聞いた。そこで得たのは、現在のAAプログラムとはまったく違った、とても驚くべき、時には想像も絶するような情報だった。私は先入観にとらわれずに彼らの話を聞こうと努めた。その理由は、彼らが残した実績が大きかったからだ。彼らによって明らかにされた事実をいくつか挙げてみよう。

1．初期のAAメンバーのほとんどはステップ4で何も書かなかった。
　私は1940年代から50年代初め以来のAAメンバー100人以上にインタビューした。そのなかで、何らかの棚卸表を紙に書いたという人はほんの数人しかいなかった。書いた人たちも、書かなかった人たちも、スポンサーやシェアリング・パートナーと一緒に棚卸しに取り組んでいた。

　では、「ビッグブック」の94~95ページにある三列の棚卸表はどうしたのだろう？　それは「ビッグブックに書かれていること」なのだから、私たちAAメンバーはこの棚卸表を使うことになっているはずではないのか？　私に言えることは、ビル・Wがこの棚卸表を「ビッグブック」に載せることに決めたとしても、ビル自身も、また他の1940年代からのAAオールドタイマーも、自分のステップのときにも、他の人のステップを手助けするときにも、この棚卸表は使わなかったということだ。私がインタビューしたオールドタイマーたちの中でステップ4を書いた人たちは、例外なく93ページに記述された「商売の棚卸し」を使っていた。

2．**初期のAAにおけるスポンサーの役割は限られたものだった。** 多くのオールドタイマーは、特定の個人によってではなく、むしろグループ全体でスポンサーの役割を担っていたと伝えている。

　北アメリカでビギナーズ・ミーティングが開かれていた場所では、スポンサーやシェアリング・パートナーがニューカマー（新しい人）と関わる期間は、通常4〜5週間程度だった。ニューカマーが1時間のセッション4回を終えると、スポンサーやシェアリング・パートナーも、ニューカマーも、どちらも他の人のステップの手助けに移っていった。

3．**スポンサーの責任は明確に定義されていた。** 1940年代半ばにスポンサーシップについてのパンフレットが二つ出版されている。その一つは、クリーブランド中央地区が1944年に出版した『**AAスポンサーシップ—その機会と責任**』（*A·A Sponsorship—Its Opportunities and Its Responsibilities*）である。このパンフレットは次のように述べている。

> 　他のアルコホーリクの回復を手助けする喜びと充足感を経験したことのないAAメンバーは、AA共同体が与えてくれる恩恵のすべてをまだ理解できてはいない。
> 　スポンサーは、AAの大まかな全体像を伝えるために、新しいメンバーを家から近いいろいろなミーティングに連れて行く。いくつもミーティングに出ることで、新しい人に自分が一番安心して心地良くいられるグループを選ぶ機会が与えられる・・・
> 　・・・新しいAAメンバーのスポンサーを務めるためのこうした提案は、もちろん完璧なものではない。これらは、

> 枠組みや一般的な指針を示すだけのものだ。それぞれのケースごとに違った、個別の扱いが必要になるだろう。²

　スポンサーシップについてのもう一つのパンフレットは『**アルコホーリクス・アノニマスの手引き**』（*A Manual for Alcoholics Anonymous*）である。これはAAの共同創始者の一人ドクター・ボブが監修し、オハイオ州アクロングループが1946年より前に出版したものだ。その中に「ニュカマー（新しい人たち）へ」と「スポンサーへ」という章がある。

　「スポンサーへ」の章にはこう書かれている。

> 　あなたは新しい人に対して全面的な責任を負わねばならない。その人に約束したことは、明らかなことでも暗黙のものでも、果たさなくてはならない。守れない約束をしてはいけない。
> 　その人の人生にとって決定的に重要な時期なのだ。その人はあなたの姿に、勇気と希望と安心と導きを見つける。その人は過去に怯え、未来に不安を持っている。その人は、ほんの少しでもあなたにおろそかにされると、恨みと自己憐憫でいっぱいになってしまうだろう。そういう考え方しかできない状態だ。あなたの手には、世の中で最も価値ある財産——その仲間の未来が委ねられている。その人の人生を、できる限り注意深く扱わねばならない。文字通り、その人の人生がかかっているのだから。

---

² *Anonymous, A·A Sponsorship—Its Opportunities and Its Responsibilities* (Cleveland, OR: Cleveland Ohio District Office, 1944) 3,5,10,11.

> まず彼を最初のミーティングに連れて行く。あなたが、その次の病人を訪問するときには、彼を伴っていく。さらに次の人たちの時にも電話して誘う。折に触れて彼の自宅を訪問し、できるだけ頻繁に電話する。さらに新しくできた友人たちを訪問するよう彼に促す。[3]

アクロンのパンフレットは、スポンサーにはニューカマーを呼び出す責任があると述べている。そのことは、ニューカマーが病気の状態で助けを必要としていることを考慮しても、ずいぶん強調されていると言える。ともかく、今のAAメンバーはほとんどこのような考え方はしていない。

4．ほとんどの地域で、ビギナーズ・ミーティングを維持する費用はAAグループが負担していた。

それゆえ、1時間セッションで献金を集めることはなかった。

フロリダ州マイアミやマサチューセッツ州ボストンでは、ビギナーズ・ミーティングの費用はセントラル・オフィスが負担していた。それは、ビギナーズ・ミーティングが12番目のステップのサービス活動だと見なされていたためだった。（オフィスで）電話を受けたAAメンバーは、見込みのありそうな人とは会って話をすることが求められた。必要であればその候補者を病院に連れて行き、（その人が退院した後は）一緒にビギナーズ・ミーティングに通った。AAメンバーが新しい人に12ステップをひと通り伝え終わるまでは、受けた12ステップコールが完了したとは見なされなか

---

[3] Anonymous (Evan W.), *A Manual for Alcoholics Anonymous* (Akron, OR: A.A. of Akron, Undated) 3, 4.

いきさつ

った。

5．ビギナーズ・ミーティングは回復のプロセスの中の重要な部分ではあったが、それはニューカマーにAAプログラムの大まかな全体像を伝えることだけを目的としていた。ビギナーズ・ミーティングは、オープン・スピーカーズや通常のクローズド・ミーティングの代わりになるものではなく、むしろそれらを補うためのものだった。ミーティングもまた「本来(オリジナル)」のAAプログラムの一部であった。

ワシントンDCで発行されていたパンフレットには、そのことがはっきりと述べられている。

> ここに列挙したのは・・・回復のプログラムの要点である（プログラムをこれで置き換えようという意図はない）。
>
> a）「ビッグブック」を注意深く読み、何度も読み返す。
> b）グループのミーティングに毎週参加する。
> c）プログラムを学ぶ。
> d）毎日プログラムを実践する。
> e）グループが承認しているアルコホリズムについての本を読む。
> f）他のメンバーとくだけた話し合いをする。
>
> こうした指示は、AAメンバーに近道を示すためではなく、基礎的な行動をまとめたものである。[4]

---

[4] Anonymous, *Alcoholics Anonymous-An Interpretation of Our Twelve Steps* (Washington, D.C.: Paragon Creative Printers, September, 1944) 9.

AAの共同創始者であるドクター・ボブは、献身的に「**他のアルコホーリクと関わった**」(p.128)ことがよく知られている。1939年から彼が亡くなる1950年まで、彼はオハイオ州アクロンのセント・トーマス病院でアルコホーリクの治療を続けた。その11年間で、彼はおよそ5,000人のアルコホーリクの12ステップを手助けしたが、これは**一日に一人を超えている**。そのような成功を収めていたために、ビル・Wはドクター・ボブのことを「12ステップの第一人者」（Prince of the Twelve Steppers）と呼んだ。

ドクター・ボブは、アール・Tにしたのと同じように、他のニューカマーの12ステップの手助けも手早く行っていた。（1940年8月15日からソブラエティを得た）デューク・Pは、ドクター・ボブの手助けを受けながら、ステップ4と5を約1時間で終えた様子を述べている。ドクター・ボブは、負債と一緒に資産も見るように促した。また、ドクター・ボブは「ものごとをシンプルに保ち、愛という潤滑油を欠かさないように」（Keep it simple, and lubricate it with love）と言った。[5]

ドクター・ボブや多くの初期メンバーが棚卸しに使っていた資産と負債のチェックリストは、オックスフォード・グループから直接もたらされたものだった。1933年に無名の人間が書いた**『オックスフォード・グループとは何か』**（What Is the Oxford Group?）という本には、後にAAのステップ4と5となった行いが記述されている。

> グループのメンバーが実践していた「過ちの分かち合い」は、分かち合いという言葉どおりのものだった。わか

---

[5] Audio taped interview of Duke P. conducted by Wally P. on December 4, 1994.

> りやすく言えば、すでに人生を神にゆだねたもう一人の人に、自分の短所を話し、それについて議論することだ。6

オックスフォード・グループで回復したアルコホーリクの一人、ビクター・キッチンは1934年に『**信者でなかった私**』(*I Was a Pagan*)という本を書いた。ビクターはニューヨーク市のカルバリー伝道所での集会にビル・Wと一緒に何年も参加していた。ビクターは、この本の中で資産と負債のチェックリストについて述べている。

> 自分の性格の中には悪い性質もあると感じていた。それは例えば恐れ、怒り、復しゅう、誤ったプライドだった。一方で、前向きな可能性もたくさん持っていると感じていた。こちらは例えばバランス、気立ての良さ、同情と理解だ。私はこれを肯定的な性質と否定的な性質に分けた表に書いた。7

セシル・ローズは『**神の意志を知るとき**』(*When Man Listens*)のなかで、「ビッグブック」の92〜93ページに書かれている「商売の棚卸し」について述べている。

> 会社経営が行き詰まり、更生手続きに同意した経営者が最初にしなければならないのは、会社のすべての帳簿を提出することだ。多くの債権者にとっての困難は、経営者た

---

6 The Layman with a Notebook, ***What Is the Oxford Group?*** (London: Oxford University Press, 1933) 27.

7 Victor Kitchen, ***I Was a Pagan*** (New York, NY: Harper & Brothers, 1934) 6.

> ちがまだ他にある負債を隠したり、恥ずかしい重大ミスや怪しい商取引のことを隠しがちなことである。開示された情報が限られてしまうと、会社更生の手続きは満足な結果をもたらさない。同様に、私たちが自分の人生を神にコントロールして欲しいと願うのなら、まずしなければならないのは、すべての帳簿を提出することだ。私たちは、神とともに、自分のすべてを調べていく。[8]

セシルは台帳（棚卸表）の資産の側に「四つの規範」を使っていた。

> 帳簿を調べる良い方法は、私たちの生き方を山上の垂訓に沿ってテストすることだ。その教えを簡便かつ端的にまとめて作られた項目が、「正直」、「純潔」、「無私」、「愛」の四つである。[9]

（訳注：「山上の垂訓」イエス・キリストが山上で弟子たちに語った教え。マタイ福音書第5章〜第7章にまとめられている）

オックスフォード・グループのメンバーたちが、元帳の資産の側について極めて詳細な説明を書き残している。A・J・ラッセルは**『罪深き者たちへ』**（*For Sinners Only*）の中で、負債を四つの大きな項目に分けている。それは「不正直」・「不純」・「利己的」・「恐れ」で、これは「ビッグブック」がステップ4・10・11で自分の意志をテストするのに使っている性質と本質的に同じものだ。

---

[8] Cecil Rose, **When Man Listens** (New York, NY: Oxford University Press, 1937) 17.

[9] Cecil Rose, **When Man Listens** (New York, NY: Oxford University Press, 1937) 18.

いきさつ

　初期のAAでは、ニューカマーに棚卸しと埋め合わせをさせるために、様々なチェックリストが使われていた。ドクター・ボブは資産と負債が八つずつあるリストを使っていた。ワシントンDCのパンフレットでは六つある。**AAグレープバイン**誌の1946年6月号に掲載されたリストには17ある。1952年に出版された『**12のステップと12の伝統**』では八つになっている。

　AAグレープバイン誌の1952年1月号では、編集委員がステップ4の棚卸しについての記事を書いている。

> 　この極めて実践的なステップを始めるのに役立つやり方がある。まず紙を用意し、それを二つの列に分ける。それぞれの列に「負債」と「資産」という見出しをつける。[10]

　『12のステップと12の伝統』ではステップ4のところで、資産と負債のチェックリストをかなり詳しく説明している。しかし「ビッグブック」の94~95ページにある3列の棚卸表についてはまったく触れていない。

　それはどうしてなのか。とても単純なことである。触れていないのは、『12のステップと12の伝統』が書かれた当時、ニューカマーのステップ4に「3列の棚卸表」は使わなかったからだ。

> 　・・・重大な感情的問題のほとんどは、本能が誤った指

---

[10] Anonymous (Editorial Staff), *The A.A. Grapevine* (New York, NY: The Alcoholic Foundation, 1952) 2.

> 示を受けた場合に見られるといっていい。その時、持って生まれたすばらしい資産であるはずの本能が、肉体的にも精神的にも負債に変わる。
>
> 　ステップ四は、これらの負債が私たち一人一人にとって何であったか、何であるかを見つけるために、労を惜しまず、積極的に努力することである。[11]

　66ページには、資産と負債のチェックリストが複数あることが述べられている。その次に、「七つの大罪」にもとづいたリストについて説明している。

> 　これらの欠点の呼び名について混乱をさけるために、世に広く知られた「七つの罪源」といわれる人間の大きな弱点を取りあげてみよう。それは**高慢、貪欲、好色、怒り、飽食、嫉妬、怠惰**である。
>
> 　これらのすべての弱点は、当然ながら精神の病である**恐れ**をもたらす。[12]

　七つの大罪に**恐れ**を加えると、八つの負債からなるチェックリストができる。これをバック・トゥ・ベーシックス・ビギナーズ・ミーティングで使っている負債のリストと比較してみれば、実際の目的は同じだということが分かる。

---

[11] 『12のステップと12の伝統』（東京：AA日本ゼネラルサービス，1982），58-59.

[12] 『12のステップと12の伝統』（東京：AA日本ゼネラルサービス，1982），66-67.

12のステップと12の伝統 負債のリスト	バック・トゥ・ベーシックス 負債のリスト
高慢	誤ったプライド
貪欲	不正直
好色	嫉妬
怒り	恨み
飽食	利己的
嫉妬	妬み
怠惰	怠惰
恐れ	恐れ

　資産と負債が四つ、六つ、八つ、17個、いくつであっても、やり方は同じだ。自分なりに理解した神と、すなわち私たちのアルコホリズムのスピリチュアル（霊的）な解決をもたらすものと私たちの間を妨げている自分の短所を見つけ、それを取り除いていくのに、チェックリストはとても役に立つ道具なのである。

　ドクター・ボブが1950年11月16日に世を去ったとき、AAはまだ幼年期を脱していなかった。さらに、当時は話される言葉を記録するテクノロジーもまだ普及していなかった。そのため、AAの奇跡のプログラムについてドクター・ボブが語った言葉はほんのわずかしか保存されていない。

　ドクター・ボブは口数の少ない人だったと思われるが、その彼が**AAグレープバイン**誌の1948年９月号に書いた記事では、神による「**生きていく指針**」(p.42)という「本来（オリジナル）」のAAプログラムに対する彼自身の情熱と献身をはっきりと表現している。その中のある段落で、彼は12ステップの単純さについて述べ、さらに「神の導きのもとで」12ステッ

プに取り組めば、私たちのあらゆる問題に対する実践的な解決がもたらされると言明している。

> 　最終的に表現され、提示されているとおり、それら（十二のステップ）は、言葉にしても単純(シンプル)であり、意味においても平易(プレイン)である。ソブラエティを達成し維持したいと、誠実に願いさえすれば、だれにとっても、これは実行可能である。そして、結果は証明ずみである。それらの単純(シンプル)さと有効性については、特別な解説はいらないし、ただし書きをつける必要もまったくなかった。私たちがどの程度、調和のとれた生き方を達成できるかは、文字どおり、神の導きのもとで全力を尽くしてそれに従いたいという、私たちの願いの強さに比例しているのだ。[13]

このビギナーズ・ミーティングは、12ステップに取り組むのに、そして命を救うことができるAAのメッセージを他の人に伝えるのに、極めて効果的で、成功率の高い一つの方法である。ドクター・ボブがシンプルに、力強く述べたように、その**「結果は証明ずみである」**。

「これはうまくいく。実に効果がある」(p.126)

---

[13] 『ドクター・ボブと素敵な仲間たち：アメリカ中西部における初期AAの思い出』（東京：AA日本ゼネラルサービス，2006），332.

訳者あとがき

　私たちAAメンバーは、ミーティングで自分の過去を振り返って話をします。個人の回復には、自らの過去から学ぶことが有効だとされています。ならば、それと同じことはAA共同体についても言えるのではないでしょうか。AAの過去を振り返りそこから学ぶことで、私たちAAは成長していけるのです。アメリカには、AAの記録文書を集め、オールドタイマーにインタビューして、過去のAAの姿を知ろうとする人たちが多くいます。彼らはAAアーカイビストと呼ばれており、その成果は書籍として数多く出版されています。

　ワリー・P氏はそんなアーカイビストの一人です。ビル・Wがビッグブックの「再版にあたって」の中で書いているように、AAは過去に高い回復率を達成していた時代がありました。ワリー氏は、その時代にはAAの多くのグループで4回シリーズの「ビギナーズ・ミーティング」が行われていたことや、それが回復率とAAの成長に大きく寄与していたことを突き止め、記録やオールドタイマーへのインタビューからビギナーズ・ミーティングのセッションを再現しました。それが、この**バック・トゥ・ベーシックス**です。

　ワリー氏が本書の初版を出版したのは1997年です。それから数年後には、東京の英語グループの中に、**バック・トゥ・ベーシックス**を使ったビギナーズ・ミーティングを始めたところがありました。

　当時すでに「ビッグブック」や『12のステップと12の伝統』は日本語に翻訳されていました。特に「ビッグブック」は新しい翻訳が出たばかりでした。ですが、私たち日本のAAメンバーの中に、その内容がよく分かっている人はほとんどいませんでした。当然のことながら、多く

のメンバーは12ステップを通じて新しい人を手助けする方法も知りませんでした。当時のスポンサーシップと言えば、新しい人をミーティングやAAイベントに誘うこと、相談に乗ること、時期が来れば大学ノートにライフ・ストーリーを書いてもらい、それを聞くという棚卸しをする程度で、それによって**「霊的な目覚め」**(p.86)を得たという話は聞いたことがありませんでした。

どうやって新しい人を手助けしたら良いのか。どうやってスポンサーを務めるのか。それを知りたいと願っているAAメンバーはたくさんいました。なぜなら私たち自身の回復がそれにかかっているからです。ですから、当時**バック・トゥ・ベーシックス**の存在を知った熱心なメンバーは、それを日本に紹介し広めたいと考えました。しかしその願いは叶わず、そして、ビギナーズ・ミーティングをやっていた英語メンバーが本国に帰国すると、バック・トゥ・ベーシックスは日本では忘れ去られた存在になってしまいました。

あれから十数年、この間に良い変化もありました。熱心にAAプログラム（12ステップ）に取り組み、スポンサーシップを提供する人が増えたことはなんとも頼もしいものです。一方で、好ましくない変化もありました。日本のAAは、2000年代なかばにメンバーの増加が止まり、停滞感が漂うようになりました。アメリカに比べて日本はアルコホーリクの数が少ないにしても、AAメンバーの数がもう一桁多くても良いはずだと関係者から叱咤激励を受けています。

新しい人たちにもっと効果的にAAの回復のメッセージを届けるにはどうしたらよいか。そんなことを考えているとき、香港のAAコンベンションでワリー氏の**バック・トゥ・ベーシックス**のセミナーに参加する機会を得ました。氏から翻訳に快諾を得て帰国したのですが、様々なハードルをクリアする必要があり、ようやく日本語版の出版にこぎつけた

訳者あとがき

次第です。

　日本語版出版にあたっては、第一章の下訳を東京のJ氏にしていただきました。また、ワリー・P氏との交渉にあたっては、アメリカ在住のM女史にご協力をいただきました。ワリー氏とのメール交換では、宮城のJ氏とハワイのT氏に英訳の協力をいただきました。ニューヨークのGSOとのやりとりではT女史からご助言をいただきました。2003年頃にワリー・P氏のバック・トゥ・ベーシックスを日本語で出版しようとしながら果たせなかった事情については、当時を知るS氏にお話をうかがいました。また、出版についてはNPO法人ジャパンマックの皆さんにご協力をいただきました。巻末になりましたが、それぞれに厚く感謝申し上げます。

　バック・トゥ・ベーシックスは、世界中のAAに浸透していきました。ワリー氏によれば、いまや約10万人のメンバーがこの形式のビギナーズ・ミーティングに関わっており、AAの中で一つの大きな流れを作り出しています。原著の発行部数は累計50万部を超えました。

　「通常」のミーティングでの「分かち合い」に慣れ親しんだ私たちにとって、ミーティング・リーダーが12ステップを「教える」形式のセッションには戸惑いを感じることもあるでしょう。それについては、AAの共同創始者ビル・Wの文章をお伝えしておきます。

> 　12のステップを教え、実行することで得られるソブラエティ——アルコールからの解放——がAAグループの唯一の目的である。かつてグループは、それ以外のことに何度も手を出し、そのたびにかならず失敗をした。（中略）この原理からはずれたとき、まちがいなくAAは破滅するだろう。

211

> AAが破滅したら、だれが助かるのか。

ビル・W，AAグレープバイン誌1958年2月号

　私たちAAメンバーには、新しい人たちに12ステップを教える責任があります。ワリー氏も第6章で述べているように、私たち回復のコミュニティの中にいる者は、新しい人と、その人たちが必要とする解決（ハイヤー・パワー）との間に障壁を作ってしまってはいけないのでしょう。新しい人がなるべく早く12ステップに取り組み、人生を変える経験ができるようにするために、この**バック・トゥ・ベーシックス**は優れた手段です。

　下訳ができあがった段階で、何度かセッションをやってみました。実のところ、数時間の取り組みだけで人々に大きな変化が起きるとは期待していなかったのです。しかし実際にやってみると、特に新しい人たちに確かな変化が起きました。そう、「ビッグブック」にあるとおり、「**これはうまくいく。実に効果がある**」(p.126)のです。

　「通常」のAAミーティングとはやり方は違っても、**バック・トゥ・ベーシックス**のセッションもAAミーティングです。だから私たちは、そこで「**仲間と共に**」(p.128)12ステップに取り組み、一緒に回復していきます。私たちにも、そしてあなたにも、仲間が必要です。「**私たちの仲間になってほしい**」(p.240)。そうすれば、あなたの目の前で、新しい人たちが回復していく姿を見ることができるでしょう。そうです、「**解決はある**」(p.37)のです。

付録

付録一覧

AAビギナーズ・ミーティング用配付資料

1時間のセッション4回用配付資料一覧

75%が回復できたことを示すAAミネアポリスでの記録

提案されているビギナーズ・ミーティングのガイドライン

12ステップに取り組むための指示

ステップ4用の資産と負債のチェックリスト（未記入）

ステップ4用の資産と負債のチェックリスト（サンプル）

言葉の意味―資産と負債のチェックリスト

自分の意志と神の意志のテスト

パンフレット **「神の意志を知るには」**

AAの12のステップ

ＡＡアルコホーリクス・アノニマス ビギナーズ・ミーティング

１時間のセッション４回用配付資料

セッション１　概論とステップ１

    1-2　　　１時間のセッション４回用配布資料（裏面空白）
    3　　　　**「75％が回復できたことを示すＡＡミネアポリスでの記録」**
    4　　　　提案されているビギナーズ・ミーティングのガイドライン
    5-6　　　12ステップに取り組むための指示

セッション２　ステップ２・３・４

    7　　　　ステップ４用の資産と負債のチェックリスト（未記入）
    8　　　　ステップ４用の資産と負債のチェックリスト（サンプル）
    9　　　　言葉の意味―資産と負債のチェックリスト

セッション３　ステップ５・６・７・８・９

    10　　　 自分の意志と神の意志のテスト
    11-12　 パンフレット**「神の意志を知るには」**

セッション４　ステップ１０・１１・１２

    資料なし

    注）　　　ミーティングリーダーは資料一式を配布する。さらにセッション２では、未記入の資産と負債のチェックリストを配る。

Copyright: Faith With Works Publishing Company, Wally P., 1997, 1998 (Rev.02/15)

AAグレープバイン誌　１９４６年８月号　１ページ

７５％が回復したことを示すＡＡミネアポリスでの記録

１９４３年３月ミネアポリスグループは、３か月以上経過したメンバーのソブラエティの記録を取り始めた。その結果以下のような正確な数値が得られた。

１９４５年において

５年のメンバー	１００％ 断酒	０％ スリップ
４年のメンバー	１００％ 断酒	０％ スリップ
３年のメンバー	１００％ 断酒	０％ スリップ
２年のメンバー	８９％ 断酒	１１％ スリップ
１年半のメンバー	９０％ 断酒	１０％ スリップ
１年のメンバー	８０％ 断酒	２０％ スリップ
９ヵ月のメンバー	８２％ 断酒	１８％ スリップ
６ヵ月のメンバー	７０％ 断酒	３０％ スリップ
３ヵ月のメンバー	４８％ 断酒	５２％ スリップ

（１９４５年にスリップした人のうち、どのようなかたちであれその後に断酒に戻ったのは１６．５％のみだった）

全体の断酒率

１９４３年	７８％ 断酒	２２％ スリップ
１９４４年	８３％ 断酒	１７％ スリップ
１９４５年	７７％ 断酒	２３％ スリップ

提案されているビギナーズ・ミーティングのガイドライン

ニューカマー（新しい人）へ

1. これから四つのセッション全部に出席してください。交通手段の手助けが必要な場合には、あなたのスポンサーあるいはシェアリング・パートナーが相談に乗ってくれるでしょう。
2. 私たちは「ビッグブック」の中から必要な部分、特に12ステップの取り組み方を述べている部分を抜き出して読んでいきます。
   「ビッグブック」を持ってきた人は、一緒に目で読んでください。私たちは読み上げる前に、ページ番号と行数をお知らせします。
   本を持っていない人は、耳から聞くことで参加してください。私たちは、「ビッグブック」の12ステップの全体をご案内します。私たちが「ビッグブック」の指示を読み上げます。その指示に従っていけば、あなたもアルコホリズムから回復できるでしょう。
3. 棚卸表を書くことは、回復のプログラムの一部です。しかし、自分で棚卸表を書くと決まっているわけではありません。これからのセッションであなたのスポンサー役をしてくれる人が棚卸表を書くのを手助けしてくれますし、その人にあなたの棚卸表を書いてもらうのもよいでしょう。

スポンサーあるいはシェアリング・パートナーへ

1. これからおよそ4週間、ニューカマー（新しい人）を手助けしてください。その期間が過ぎたら、あなたも、ニューカマーも、12ステップを通じて他の人を手助けするように期待されています。
2. 来月は、ニューカマーになるべくたくさん電話をかけるか会うようにして、その人を励まし、精神的な支えになるようにしましょう。
3. ニューカマーと一緒にビギナーズ・ミーティングに毎週出席してください。
4. ニューカマーが棚卸表を書く手助けをしてあげてください。もし必要なら、ニューカマーから話を聞いて、あなたがチェックリストに記入してください。ニューカマーは、あなたが手助けしなければ、棚卸しを終えることができません。そのことを忘れないで。
5. あなたが得た神からの導きをニューカマーと分かち合ってください。そうすれば双方向の祈りがあなたの人生に働いている様子をニューカマーに理解してもらえるでしょう。
6. AAプログラムやAAの生き方について、ニューカマーがする質問には、あなたの個人的経験をもとにして答えてあげましょう。

Copyright: Faith With Works Publishing Company, Wally P., 1997, 1998 (Rev. 07/06)

１２ステップに取り組むための指示

ステップ１　私たちはアルコールに対し無力であり、思い通りに生きていけなくなっていたことを認めた。

　　　　　　このステップの説明は、ローマ数字のxxxi (31)からxl (40)ページと、1~64ページにあります。
　　　　　　［ステップ１の指示は45ページの9~10行にあります］

ステップ２　自分を超えた大きな力が、私たちを健康な心に戻してくれると信じるようになった。

　　　　　　このステップの説明は65~87ページにあります。
　　　　　　［ステップ２の指示は69ページの11~12行にあります］

ステップ３　私たちの意志と生きかたを、<u>自分なりに理解した神</u>の配慮にゆだねる決心をした。

　　　　　　このステップの説明は87~92ページにあります。
　　　　　　［ステップ３の指示は91ページの9~13行にあります］

ステップ４　恐れずに、徹底して、自分自身の棚卸しを行い、それを表に作った。

　　　　　　このステップの説明は92~103ページにあります。
　　　　　　［ステップ４の指示は、92ページの14行から93ページの7行（**資産と負債のチェックリスト**）；　93ページの8行、11~13行（**恨み**）；　99ページの3~4行（**恐れ**）；　101ページの1~4行（**危害**）にあります］

ステップ５　神に対し、自分に対し、そしてもう一人の人に対して、自分の過ちの本質をありのままに認めた。

　　　　　　このステップの説明は104~109ページにあります。
　　　　　　［ステップ５の指示は108ページの1~3行および7~8行にあります］

ステップ６　こうした性格上の欠点全部を、神に取り除いてもらう準備がすべて整った。

　　　　　　このステップの説明は109ページにあります。
　　　　　　［ステップ６の指示は109ページの7~8行にあります］

ステップ７　私たちの短所を取り除いてくださいと、謙虚に神に求めた。

　　　　　　このステップの説明は109ページにあります。
　　　　　　［ステップ７の指示は109ページの11~15行にあります］

１２ステップに取り組むための指示

（続き）

ステップ８ 　私たちが傷つけたすべての人の表を作り、その人たち全員に進んで埋め合わせをしようとする気持ちになった。

　　このステップの説明は110ページにあります。
　　［ステップ８の指示は110ページの2~3行にあります］

ステップ９ 　その人たちやほかの人を傷つけない限り、機会あるたびに、その人たちに直接埋め合わせをした。

　　このステップの説明は110~121ページにあります。
　　［ステップ９の指示は110ページの4~6行にあります］

ステップ10 　自分自身の棚卸しを続け、間違ったときは直ちにそれを認めた。

　　このステップの説明は121~123ページにあります。
　　［ステップ10の指示は121ページの8行から122ページの1行にあります］

ステップ11 　祈りと黙想を通して、自分なりに理解した神との意識的な触れ合いを深め、神の意志を知ることと、それを実践する力だけを求めた。

　　このステップの説明は123~127ページにあります。
　　［ステップ11の指示は、123ページの15行から124ページの7行（**眠りにつく前**）； 124ページの8~11行（**目が覚めた時**）； 126ページの5~11行（**一日の中で**）にあります］

ステップ12 　これらのステップを経た結果、私たちは霊的に目覚め、このメッセージをアルコホーリクに伝え、そして私たちのすべてのことにこの原理を実行しようと努力した。

　　このステップの説明は、128~150ページと、266~268ページにあります（ハードカバー版は570~572ページ）。
　　［ステップ12の指示は、128ページの3~4行にあります］
　　（他の誰にも出来ないやり方で命を救ってくれるAAの回復のメッセージを運ぶ方法は、128~150ページに書かれています）

Copyright: Faith With Works Publishing Company, Wally P., 1997, 1998 (Rev. 07/06)

ステップ4の棚卸表

ビッグブックから資産と負債の棚卸しチェックリスト
p.92,14行～p.93,1行 / p.93,8～12行 / p.99,3～4行 / p.101,1～4行

負 債 見張るもの—		資 産 得る努力をする—	
恨み		許し	
恐れ		信仰	
利己的		無私	
不正直		正直	
誤ったプライド		謙虚	
嫉妬(しっと)		信頼	
妬み(ねた)		満足	
怠惰		行動	

資産と負債のチェックリスト

Copyright: Faith With Works Publishing Company, Wally P., 1997, 1998 (Rev. 08/13)

ステップ4の棚卸表

ビッグブックから資産と負債の棚卸しチェックリスト
p.92,14行～p.93,1行 / p.93,8～12行 / p.99,3～4行 / p.101,1～4行

負債 見張るー					資産 得る努力をするー
根み	前妻	自分			許し
恐れ	裁判所	スリップ	健康		信仰
利己的	前妻	上司	友人1		無私
不正直	前妻	自分	上司	友人2	正直
誤ったプライド	神	上司			謙虚
嫉妬（しっと）	家族				信頼
妬み（ねたみ）					満足
怠惰	前妻	上司	自分		行動
恥	友人2				自尊心

資産と負債のチェックリストとステップ8の埋め合わせリスト

Copyright: Faith With Works Publishing Company, Wally P., 1997, 1998 (Rev. 08/13)

言葉の意味

ステップ４の資産と負債のチェックリスト

　1930年代の後半、AAの共同創始者の一人、ドクター・ボブが資産と負債のチェックリストを作りました。彼は、その表を使って何千人ものニューカマーに棚卸しや埋め合わせのプロセスを体験させました。その後、スポンサーやスピリチュアル・アドバイザー、シェアリング・パートナーは、「**霊的な生き方に興味がある人**」(p.233)たちが自分の短所をより深く理解できるように、様々な形式のチェックリストを使うようになりました。スピリチュアル（霊的）な解決を見つけることを妨げていたのはその短所であり、解決とは「**どんな力でも持っているもの**」(p.85)との親密な、双方向の関係を築くことです。

　私たちはこれらの短所──「力」との関係を引き離す障害物──の意味がはっきり分るように定義しました。

　恨みとは、現実にあるいは想像の上で、誰かに侮辱されたことについて、相当の長い時間怒ったり、憤慨したりした結果です。無礼を受けたと感じたことや個人的な被害に対して、敵意を持つこと、腹を立てる態度です。

　恐れとは、いま持っているものを失う心配や、欲しいものが手に入らなくなる心配です。それは、嫌悪、恐怖、パニック、不安、心配などさまざまな形であらわれます。

　利己的とは、自分や自分の幸福や楽しみだけに関心があり、他の人のことやその人たちの労力を考慮しないことです。

　不正直は盗みやごまかしを伴います。自分の物でない物を手に入れたり、本来は他の人の物をだまし取ったり、嘘をついたり、本当のことを人に伝えないことです。

　誤ったプライドとは、他の人より自分が優れていると感じること、または劣っていると感じることです。優越感の中には、人種・教育・宗教的信条についての偏見と、自分が良く思えるように他の人を低く見る悪意が含まれています。劣等感の中には、私たちの抱えているトラブルへの過度の心配からくる自己憐憫と、低い自己評価──自尊心や自分へのリスペクトの欠如──が含まれています。

　嫉妬は人に関することで、他の人の動機に疑念を持ったり、友人の誠実さを疑うことです。

　妬みは物に関することで、他の人の持っている物を欲しがることです。

　怠惰とは、働く意欲や願望を持たないことです。先延ばしとは、自分に割り当てられた義務や仕事を後回しにしたり、遅らせたりすることですが、これも怠惰のひとつです。

Copyright: Faith With Works Publishing Company, Wally P., 1997, 1998 (Rev.09/07)

自分の意志と神の意志のテスト
「ビッグブック」（AA）から

自分の意志	神の意志

ステップ4のテスト

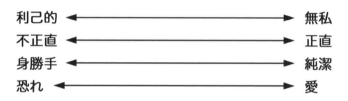

「自分がどこで利己的で、不正直で、身勝手だったのか。何を恐れていたのか」
(A.A., p.98, 5~6行)

ステップ10のテスト

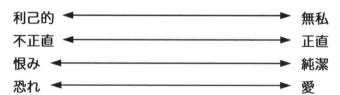

「わがまま、不正直、恨み、恐れをチェックしていく」(A.A., p.121, 12~13行)

ステップ11のテスト

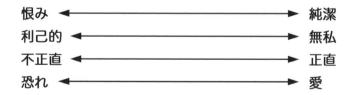

「恨みがましく、自分勝手で、不正直ではなかったか、恐れていなかったか」
(A.A., p.123, 15行~p.124, 1行)

Copyright: Faith With Works Publishing Company, Wally P., 1997, 1998 (Rev.06/06)

神の意志を知るには

これは、自分も試してみたいという意欲を持った人のための、いくつかの簡単な提案である。人類がこれまで見つけてきた重要なことより実際に役に立つことを、自ら発見するだろう――それは、どうやって神の意志に触れ合うか、である。

必要なのは、まじめにやってみようという意欲だけだが、継続的に、そして誠実に取り組めば誰でも、これが実際に役に立つことを知るだろう。

始めの前に、いくつか基本的なポイントを押さえておこう。これらは真実であり、多くの人たちの経験により真摯によって裏打ちされている。

1. 神は存在する。神はこれまでも常に存在していたし、これからも常に存在する。
2. 神は全知である。
3. 神は全能である。
4. 神はあらゆるところに存在する――しかも同時に（これが神と私たち人間との重要な違いである）。
5. 神は目に見ない――見ることも、触れることもできない――しかし、ここにいる。神はあなたとともに、あなたのそばにいて、あなたを包んでいる。神はこの部屋を、あなたがいるこの空間をいっぱいに満たしている。神はあなたの中に、あなたの心の中にいる。
6. 神はあなたの世話をしている。神はあなたに関心をもっている。神はあなたの人生の計画をもっている。神はあなたが知る必要のあるすべての答えを持っている。
7. 神はあなたが知る必要があることを教えてくれる。あなたの出会う問題すべての答えを、あなたのために。いつでもあなたを助けてくれる。
8. 神は、あなたにさせたいことについては、いつもあなたを助けてくれる。
9. 誰でも、どこでも、いつでも、神と触れ合うことができる。そのためには、私たちがこの条件に従いさえすれば良い。

その条件とは、

- 黙って、静かにじっとする
- 耳を傾ける
- 浮かんできた考えを一つひとつ確実に
- その考えが神からきたものかテストして確かめる
- それに従う

- 誰かと誤った関係を続けている
- 何か償いをしていない

こうした点をチェックして、誠実にやる。そして、ふたたび神の意志にふれ合う気になれるだろう。

10. 間違い

間違いをして、神の名のもとに正しくない何かをすることもあるだろう。もちろん、私たちは間違いを招く。私たちは過ち多き人間なのだ。ではあるが、神は常に私たちのまじめさを愛めるだろう。

神は私たちがまじめなはじめにすべての間違いに働きかける。間違いを正す私たちを助けてくれるさ。忘れることもできる。私たちが神に従って行ったことも、他の誰かが気にいらず、反対することもある。だから反対にあっても、それが必ず間違いを意味するわけではない。他の人が、正しいことを知りつつ、それをやろうがないこともある。

機会を逃してしまい、神から与えられた考えを実行できない失敗もあるだろう。そうしたときに、できることはただだ――、神との関係を正しくへ戻す。申し訳ないと思っていることを神に伝える。神に許しを願い、神の許しを受け入れ、そしてまた始める。神は私たちよりはるかに私たちを理解している。たない計算機とは違う。

11. 結果

水泳がどんなものか、水の中に入ってやってみるまではわからない。何であれ、それがどんなものかは、本当にやってみるまではわからないものだ。

まじめにこれに取り組んだ人は誰でも、自分のものではない知恵が心の中に入ってきたこと、自分のカを超えた偉大なカがその人の人生を動かし始めたことに気づくだろう。それは終わりのない冒険だ。

誰でも、どこにいても使えるこの一つの生き方がある。誰でも、いつでも、神と触れ合うことができる。そのためには、私たちがこの条件に従いさえすれば良い。

人が目を傾ければ、神は告げる。
人が従えば、神は叶える。

これが祈りの法則である。

この世界についての神の計画は、神に従おうという意欲をもった普通の人たちの人生を通して進んでいく。

1930年代後半に、ジョン・E・バターソン（ドクター・ボブの友人）によって書かれた

"How to Listen to God" Written by John E. Batterson — Distributed by: Wally P.

こうした基本的な要素を背景として、神の意志を知るための具体的な提案は、以下の通り。

1. 時間を取る

一人になれる、静かでじゃまされない場所と時間を見つける。ほとんどの人は、いちばん良いのは早朝だという。それにペンか鉛筆を用意する。

2. リラックスする

くつろげる場所に座る。全身の筋肉を意識的にリラックスさせ、緊張を緩める。急がない。この時間のあいだには緊張がないように気をつける。私たちの気持ちが、その後の時間の詰めこみで神は私たちと触れ合うことができない。

3. 波長を合わせる

神に向かって心を開く。心の中で、あるいは声に出して、自分の人生についての神の計画を知りたいと、自分に合った言葉で問いかける。いま自分が抱えている問題や、ぶつかっている状況への神の答えを願う。明確な具体的な答えをいただくする。

4. 耳を傾ける

黙って、静かにじっとして、リラックスし、心を開いたままで、心を「緩め」ていく。神が語られるように耳を傾ける。頭やのなかに、考え、アイデア、印象などが始める。そのひとつひとつに注意を払い、意識し、拒まない。

5. 書く!

この手順全体にとって大切なことは、浮かんできたすべてを書き留めることだ。何もかも、書き留めることだ。後で思い出せるようにするための手段だ。選別したり、編集してはいけない。

こう自分に言ってはいけない
  このの考えは重要ではない
  これは平凡な考えだ
  これは導きとは違う
  これは気に入らない
  これは神からきたものではない
  これは私の考えだ…など

浮かんできたことをすべて書き留める
  すべきこと
  人の名前
  言うべきこと
  間違っていて正すべきこと
  すべてを書く
  良い考え — 悪い考え

気持ちの良い考え — 不愉快な考え
「信心深い」考え — 不信心な考え
分別のある考え — おかしな考え

そのままに、何もかも書き留める! 考えは突然浮かんでくる、さらに突然消え去ってしまう。私たちがそれをつかまえて、書き留めない限りは。

考えが次第に浮かばなくなってきて、やんだら、書き留めたことをよく検討する。思い浮かんだ考えがすべて神からきたものとは限らない。だから、考えをテストしなくてはならない。書いて記録しておけば、ここで検討する役に立つ。

6. テストする

A) その考えは、完全に正直で、純潔で、無私で、愛あるものか?
B) その考えは、家族や自分の属する集団に対する義務と一致しているか?
C) その考えは、私たちの霊的な書物の教えについての私たちの理解と一致しているか?

7. 確認する

疑わしいときや、大事なことについては、その考えや行動について、同じように双方向の祈りを使って生きているもう一人の人の考えを聞くことだ。惑は一つより、二つあったほうがよくその人の射し込む。その人の神の意志を求める人であれば、あなたがもっとはっきりと見る手助けができるだろう。

あなたが書いたことについて話し合っている。多くの人たちがそうしている。どんな導きを得たか、お互いに話し合っている。それがかり一体性をもたらず秘密である。どんな問題にもこつの側面があなたの側、私の側、そして正しい側の側である。導きは、何が正しい側なのかを示してくれる一誰が正しいかではない、何が正しいかである。

8. 従う

その考えを実行に移す。実際にそれをやり通さなくては、その考えについて自信を得ることはできない。船が動きを出すまでは舵は役に立たない。あなたが従えば、その結果はしばしばあなたが正しい軌道に乗っていることを納得させてくれるだろう。

9. 障害

はっきりとした導きが得られない時もある。それはどういうことか? 神の導きは、私たちが耳を傾けようとした考えをはっきりと受け取れない時もあるが、それは神の落ち度ではない。

通常それは、暮らしの中で何かの過ちがあるからだ。
- 暮らしの中で何かの過ちをごまかして、正していない
- 何かの悪弊や無節制をやめていない
- 誰かを許していない

空気を吸うように自由に利用できるものではないが、耳を傾けさせすれば誰にでも得られる。

ＡＡの１２のステップ

1. 私たちはアルコールに対し無力であり、思い通りに生きていけなくなっていたことを認めた。
2. 自分を超えた大きな力が、私たちを健康な心に戻してくれると信じるようになった。
3. 私たちの意志と生きかたを、**自分なりに理解した**神の配慮にゆだねる決心をした。
4. 恐れずに、徹底して、自分自身の棚卸しを行い、それを表に作った。
5. 神に対し、自分に対し、そしてもう一人の人に対して、自分の過ちの本質をありのままに認めた。
6. こうした性格上の欠点全部を、神に取り除いてもらう準備がすべて整った。
7. 私たちの短所を取り除いてくださいと、謙虚に神に求めた。
8. 私たちが傷つけたすべての人の表を作り、その人たち全員に進んで埋め合わせをしようとする気持ちになった。
9. その人たちやほかの人を傷つけない限り、機会あるたびに、その人たちに直接埋め合わせをした。
10. 自分自身の棚卸しを続け、間違ったときは直ちにそれを認めた。
11. 祈りと黙想を通して、**自分なりに理解した**神との意識的な触れ合いを深め、神の意志を知ることと、それを実践する力だけを求めた。
12. これらのステップを経た結果、私たちは霊的に目覚め、このメッセージをアルコホーリクに伝え、そして私たちのすべてのことにこの原理を実行しようと努力した。

　本書の12のステップや評議会承認出版物からの転載、引用はアルコホーリクス・アノニマス（AA）・ワールド・サービス社とNPO法人AA日本ゼネラルサービス（AA JSO）の許可を得て行われていますが、このことは、AAワールド・サービス社やAA JSOが本書の内容を校閲、承認したこと、あるいは、AAがこの本の見解に同意したことを意味しません。この本の見解はもっぱら著者のものです。AAはアルコホリズムからの回復のプログラムであり、他の問題に12のステップを利用することは、AAのプログラムとその活動を模範にしたいからであり、他意はありません。

バック・トゥ・ベーシックス　AA ビギナーズ・ミーティング

2016 年　9 月 10 日　初版第 1 刷 2020 年 12 月 24 日　初版第 2 刷 .... 著　者　ワリー・P 訳　者　NPO法人ジャパンマック 発行所　NPO法人ジャパンマック 　　　　〒 114-0023　東京都北区滝野川 6-76-9 エスポワール・オチアイ 1 階 　　　　TEL 03-3916-7878　FAX 03-3916-7877 　　　　Email　office@japanmac.or.jp　　URL　https://japanmac.or.jp 発売元　萌文社（ほうぶんしゃ） 　　　　〒 102-0071　東京都千代田区富士見 1-2-32-202 　　　　TEL 03-3221-9008　FAX 03-3221-1038 　　　　Email　info@hobunsya.com　　URL　http://www.hobunsya.com .... 印刷・製本　音羽印刷

©Wally P., Japan Mac
■本書のコピー、スキャン、デジタル化等の無断複製は、著作権法の例外を除き、禁じられています。

ISBN978-4-89491-319-6